G. Recht (Herausgeber)

Max-Braun-Straße 45
Klaus M Gottfreund
66123 Saarbrücken

Kommunalselbstverwaltungsgesetz - KSVG des Saarlandes

D1930273

1. Auflage 2019, Stand: 31. Oktober 2019

Copyright © Oktober 2019 by

G. Recht (Herausgeber),

Auenweg 13,

06217 Merseburg, Deutschland.

E-Mail: G.Recht(at)gmx.net

ISBN-13: 978 - 1704316475

ISBN-10: 1704316472

Alle Rechte vorbehalten

Titelbild: © G. Recht

Produktion und Vertrieb:

CreateSpace, 4900 LaCross Road, North Charleston,

SC 29406, USA, *www.createspace.com*

Dieses Taschenbuch ist urheberrechtlich geschützt. Die dadurch begründeten Rechte, insbesondere die der Übersetzung, des Vortrags, der Funksendung, der Mikroverfilmung oder der Vervielfältigung auf anderen Wegen und der Verbreitung in jeglicher Art, bleiben, auch bei nur auszugsweise Verwertung, vorbehalten. Zuwiderhandlungen unterliegen den Strafbestimmungen des Urheberrechtes.

Für Irrtümer, Satz- und Druckfehler und etwaige andere Fehler übernimmt der Autor/Herausgeber keine Haftung. Die Textsammlung erhebt daher keinen Anspruch auf inhaltliche Richtigkeit und Vollständigkeit.

Wichtiger Hinweis: eine fachanwaltliche Beratung wird durch dieses Taschenbuch nicht ersetzt!

Inhaltsverzeichnis

Zweiter Teil

Zweiter Teil

Kommunalselbstverwaltungsgesetz - KSVG vom 15. Januar 1964 in der Fassung der Bekanntmachung vom 27. Juni 1997 (Amtsbl. S. 682)

Stand: letzte berücksichtigte Änderung: § 50a geändert durch Artikel 4 des Gesetzes vom **19. Juni 2019** (Amtsbl. I S. 639)

Änderungshistorie:

1. geändert durch Gesetz vom 3. Juli 1968 (Amtsbl. S. 480)
2. geändert durch Gesetz vom 19. März 1969 (Amtsbl. S. 217)
3. geändert durch Gesetz vom 11. März 1970 (Amtsbl. S. 267)
4. geändert durch Gesetz vom 11. März 1970 (Amtsbl. S. 307)
5. geändert durch Gesetz vom 8. April 1970 (Amtsbl. S. 377)
6. geändert durch Gesetz vom 20. Juni 1973 (Amtsbl. S. 549)
7. geändert durch Gesetz vom 20. Juni 1973 (Amtsbl. S. 551)
8. geändert durch Gesetz vom 13. Dezember 1973 (Amtsbl. S. 829)
9. geändert durch Gesetz vom 27. März 1974 (Amtsbl. S. 430)
10. geändert durch Gesetz vom 4. Dezember 1974 (Amtsbl. S. 1060, ber. Amtsbl. 1975 S. 191)
11. geändert durch Gesetz vom 26. Oktober 1977 (Amtsbl. S. 1009)
12. geändert durch Gesetz vom 12. Juli 1978 (Amtsbl. S. 690)

13. geändert durch Gesetz vom 25. November 1981 (Amtsbl. S. 945)

14. geändert durch Gesetz vom 23. November 1983 (Amtsbl. S. 785)

15. geändert durch Gesetz vom 11. Juni 1986 (Amtsbl. S. 526, ber, S. 551)

16. geändert durch Gesetz vom 6. Juli 1988 (Amtsbl. S. 685)

17. geändert durch Gesetz vom 18. Januar 1989 (Amtsbl. S. 321)

18. geändert durch Gesetz vom 24. März 1993 (Amtsbl. S. 422)

19. geändert durch Anlage Nr. 256 zum Gesetz Nr. 1327 vom 26. Januar 1994 (Amtsbl. S. 509)

20. geändert durch Gesetz vom 11. Mai 1994 (Amtsbl. S. 818)

21. geändert durch Gesetz vom 27. September 1995 (Amtsbl. S. 990)

22. geändert durch Art. 3 des Gesetzes Nr. 1371 vom 24. April 1996 (Amtsbl. S. 623)

23. geändert durch Art. 5 des Gesetzes Nr. 1381 vom 27. November 1996 (Amtsbl. S. 1313)

24. geändert durch Art. 1 des Gesetzes Nr. 1386 vom 23. April 1997 (Amtsbl. S. 538)

25. geändert durch Art. 2 Abs. 4 des Gesetzes Nr. 1408 vom 24. Juni 1998 (Amtsbl. S. 518)

26. geändert durch Art. 2 des Gesetzes Nr. 1414 vom 14. Oktober 1998 (Amtsbl. S. 1030)

27. geändert durch Art. 1 des Gesetzes Nr. 1463 vom 24. Januar 2001 (Amtsbl. S. 530)

28. geändert durch Art. 4 Abs. 11 des Gesetzes Nr. 1484 vom 7. November 2001 (Amtsbl. S. 2158)

29. geändert durch Art. 3 Abs. 1 des Gesetzes Nr. 1530 vom 10. September 2003 (Amtsbl. S. 2606)

30. geändert durch Art. 4 des Gesetzes Nr. 1533 vom 8. Oktober 2003 (Amtsbl. S. 2874).

31. geändert durch Art. 1 des Gesetzes Nr. 1532 vom 8. Oktober 2003 (Amtsbl. 2004 S. 594).

32. geändert durch Art. 5 des Gesetzes Nr. 1582 vom 13. Dezember 2005 (Amtsbl. S. 2010).

33. geändert durch Gesetz vom 15. Februar 2006 (Amtsbl. S. 474, 530).

34. geändert durch Gesetz vom 19. September 2006 (Amtsbl. S. 1694).

35. geändert durch Gesetz vom 6. September 2006 (Amtsbl. S. 1694, ber. S. 1730).

36. geändert durch Gesetz vom 29. August 2007 (Amtsbl. S. 1766).

37. geändert durch Gesetz vom 21. November 2007 (Amtsbl. S. 2393).

38. geändert durch Gesetz vom 14. Mai 2008 (Amtsbl. S. 1346).

39. geändert durch Gesetz vom 1. Oktober 2008 (Amtsbl. S. 1903).

40. geändert durch Gesetz vom 19. November 2008 (Amtsbl. 1930).

41. geändert durch Gesetz vom 11. Februar 2009 (Amtsbl. S. 1215).

42. mehrfach geändert durch Artikel 1 des Gesetzes vom 14. Mai 2014 (Amtsbl. I S. 172).

43. § 79a geändert durch Artikel 2 des Gesetzes vom 17. Juni 2015 (Amtsbl. I S. 376)

44. §§ 5, 6, 143, 144, 197, 198 geändert durch Artikel 2 des Gesetzes vom 13. Juli 2016 (Amtsbl. I S. 710)

45. §§ 89, 94, 99, 100, 111, 115, 122, 125, 189a, 222 geändert, § 123 neu gefasst durch Artikel 1 des Gesetzes vom 13. Juli 2016 (Amtsbl. I S. 711)

46. § 111 geändert durch Artikel 4 des Gesetzes vom 15. Juni 2016 (Amtsbl. I S. 840)

47. § 50a geändert durch Artikel 4 des Gesetzes vom 19. Juni 2019 (Amtsbl. I S. 639)

Teil A

Gemeindeordnung

Erster Teil

Grundlagen

I. Abschnitt

Wesen, Rechtsstellung und Aufgaben

§ 1 Wesen der Gemeinden

(1) Die Gemeinden sind die in den Staat eingeordneten Gemeinwesen der in örtlicher Gemeinschaft lebenden Menschen. Sie regeln alle Angelegenheiten der örtlichen Gemeinschaft im Rahmen der Gesetze durch die von der Bürgerschaft gewählten Organe oder durch Bürgerentscheid in eigener Verantwortung.

(2) Die Gemeinden sind Gebietskörperschaften.

§ 2 Namen und Bezeichnungen

(1) Die Gemeinden führen ihre bisherigen Namen. Das Ministerium für Inneres und Sport bestimmt den Namen einer neu gebildeten Gemeinde, wenn der Name nicht durch Gesetz bestimmt wird. Auf Antrag einer Gemeinde kann es den Gemeindenamen ändern.

(2) Die Bezeichnung Stadt führen die Gemeinden, denen diese Bezeichnung nach bisherigem Recht zusteht. Das Ministerium für Inneres und Sport kann auf Antrag die Bezeichnung Stadt solchen

Gemeinden verleihen, die nach Einwohnerzahl und Siedlungsform sowie kultureller und wirtschaftlicher Bedeutung städtisches Gepräge tragen.

(3) Kreisangehörige Städte, die Sitz der Landkreisverwaltung sind, führen die Bezeichnung Kreisstadt.

(4) Die Stadt Saarbrücken führt die Bezeichnung Landeshauptstadt.

§ 3 Wappen, Farben und Dienstsiegel

(1) Die Gemeinden führen ihre bisherigen Wappen und Farben. Das Ministerium für Inneres und Sport kann Gemeinden auf ihren Antrag das Recht verleihen, Wappen und Farben zu führen; es kann Wappen und Farben auf Antrag der Gemeinden ändern. Gemeindewappen dürfen von Dritten nur mit Genehmigung der Gemeinden verwendet werden.

(2) Die Gemeinden führen Dienstsiegel. Gemeinden, die zum Führen eines Wappens berechtigt sind, führen, soweit gesetzlich nichts anderes bestimmt ist, dieses Wappen in ihrem Dienstsiegel; die übrigen Gemeinden führen als Siegel das Bild des kleinen Landessiegels[1] mit einer die Gemeinde bezeichnenden Umschrift.

Fußnote:

[1] Vgl. Anl. 8 in BS-Nr. 1130-1.

§ 4 Gemeindearten

(1) Kreisangehörige Gemeinden sind Gemeinden, die einem Landkreis angehören.

(2) Regionalverbandsangehörige Gemeinden sind Gemeinden, die dem Regionalverband Saarbrücken angehören.

(3) Mittelstädte sind kreisangehörige oder regionalverbandsangehörige Städte, denen diese Rechtsstellung auf Antrag durch Rechtsverordnung der Landesregierung zu verleihen ist, wenn sie mehr als 30.000 Einwohnerinnen und Einwohner haben und nicht Sitz der Landkreisverwaltung oder der Regionalverbandsverwaltung sind.

(4) Kreisfreie Städte sind Städte, die weder einem Landkreis noch dem Regionalverband Saarbrücken angehören, denen diese Rechtsstellung durch Gesetz verliehen wird.

§ 5 Selbstverwaltungsangelegenheiten

(1) Die Gemeinden sind berechtigt und in den Grenzen ihrer Leistungsfähigkeit verpflichtet, zur Förderung des Wohls ihrer Einwohnerinnen und Einwohner alle öffentlichen Aufgaben zu erfüllen, soweit diese nicht kraft Gesetzes anderen Stellen übertragen sind.

(2) Die Gemeinden haben insbesondere die Aufgabe, das soziale, gesundheitliche, kulturelle und wirtschaftliche Wohl ihrer Einwohnerinnen und Einwohner zu fördern; hierbei haben sie die Belange des Natur- und Umweltschutzes zu wahren, die sportliche Betätigung ihrer Einwohnerinnen und Einwohner zu unterstützen, der Interessenvertretung von Kindern und Jugendlichen ein besonderes Gewicht beizumessen und die Gleichberechtigung von Mann und Frau zu verwirklichen. Sie können sich an Städtepartnerschaften beteiligen. Sie arbeiten mit benachbarten kommunalen Gebietskörperschaften anderer europäischer Regionen grenzüberschreitend zusammen.

(3) Den Gemeinden kann durch Gesetz die Erfüllung einzelner Aufgaben zur Pflicht gemacht werden (Pflichtaufgaben); dabei sind gleichzeitig Bestimmungen über die Deckung der Kosten zu treffen. Führt die Übertragung neuer Aufgaben durch Gesetz oder die Veränderung bestehender Aufgaben durch Gesetz oder

Rechtsverordnung zu einer wesentlichen Belastung der davon betroffenen Gemeinden, ist dafür aufgrund einer Kostenfolgeabschätzung ein entsprechender finanzieller Ausgleich zu schaffen. Das Nähere regelt ein Gesetz. Verordnungen zur Durchführung solcher Gesetze sowie Verordnungen nach Satz 2 bedürfen der Zustimmung des Ministeriums für Inneres und Sport.

(4) In Selbstverwaltungsangelegenheiten sind die Gemeinden nur an die Gesetze gebunden.

§ 6 Auftragsangelegenheiten

(1) Die Gemeinden erfüllen die ihnen übertragenen staatlichen Aufgaben nach Weisung der zuständigen Behörden (Auftragsangelegenheiten).

(2) Die Gemeinden sind bei der Erfüllung von Auftragsangelegenheiten zur Geheimhaltung verpflichtet, soweit dies von den zuständigen Behörden angeordnet wird. Sie haben hierbei die für die staatlichen Behörden geltenden Vorschriften zu beachten. Das Ministerium für Inneres und Sport kann hierzu weitere Verwaltungsvorschriften erlassen.

(3) Den Gemeinden können neue staatliche Aufgaben zur Erfüllung nach Weisung nur durch Gesetz übertragen werden; dabei sind gleichzeitig Bestimmungen über die Deckung der Kosten zu treffen. Führt die Übertragung neuer Aufgaben durch Gesetz oder die Veränderung bestehender Aufgaben durch Gesetz oder Rechtsverordnung zu einer wesentlichen Belastung der davon betroffenen Gemeinden, ist dafür aufgrund einer Kostenfolgeabschätzung ein entsprechender finanzieller Ausgleich zu schaffen. Das Nähere regelt ein Gesetz.

§ 7 Besondere Aufgaben der Mittelstädte

Die Mittelstädte erfüllen neben ihren Aufgaben als Gemeinden in ihrem Gebiet auch den Landkreisen übertragene staatliche Aufgaben nach Maßgabe einer Rechtsverordnung[3] der Landesregierung.

Fußnote:

[3] Vgl. BS- Nr. 2020- 1- 14.

§ 8 Besondere Aufgaben der kreisfreien Städte

Die kreisfreien Städte erfüllen neben ihren Aufgaben als Gemeinden in ihrem Gebiet alle Aufgaben, die den Landkreisen obliegen.

§ 9 Besondere Aufgaben der Landeshauptstadt Saarbrücken

(1) Die Landeshauptstadt Saarbrücken erfüllt neben ihren Aufgaben als Gemeinde in ihrem Gebiet die den Landkreisen übertragenen staatlichen Aufgaben, soweit sie nicht durch Gesetz oder Rechtsverordnung dem Regionalverband Saarbrücken übertragen sind.

(2) Der Landeshauptstadt Saarbrücken können den Landkreisen übertragene staatliche Aufgaben durch Gesetz für das übrige Regionalverbandsgebiet übertragen werden.

§ 10 Kommunale Gemeinschaftsarbeit

Gemeinden können zur gemeinsamen Erfüllung bestimmter Aufgaben Zweckverbände oder Arbeitsgemeinschaften bilden oder öffentlich-rechtliche Vereinbarungen abschließen. Das Nähere wird durch Gesetz[4] bestimmt.

Fußnote:

[4] Vgl. BS- Nr. 2020- 5.

§ 11 Sicherung der Mittel

(1) Die Gemeinden regeln ihre Finanzwirtschaft in eigener Verantwortung. Sie haben das Recht, Steuern und sonstige Abgaben nach Maßgabe der Gesetze zu erheben.

(2) Soweit die eigenen Einnahmen nicht ausreichen, sichert das Land den Gemeinden die zur Durchführung ihrer eigenen und der übertragenen Aufgaben erforderlichen Mittel im Rahmen des kommunalen Finanzausgleichs.

§ 12 Gemeindesatzungen

(1) Die Gemeinden können ihre Selbstverwaltungsangelegenheiten durch Satzung regeln. Sie können mit gesetzlicher Ermächtigung auch in Auftragsangelegenheiten Satzungen erlassen.

(2) Satzungen bedürfen der Genehmigung der Kommunalaufsichtsbehörde nur, soweit diese gesetzlich vorgeschrieben ist.

(3) Ordnungswidrig handelt, wer vorsätzlich oder fahrlässig einer auf Grund des Absatzes 1 erlassenen Satzung zuwiderhandelt, soweit die Satzung für einen bestimmten Tatbestand auf diese Bußgeldvorschrift verweist. Die Ordnungswidrigkeit kann mit einer Geldbuße geahndet werden. Zuständige Verwaltungsbehörde im Sinne des § 36 Abs. 1 Nr. 1 des Gesetzes über Ordnungswidrigkeiten in der Fassung der Bekanntmachung vom 19. Februar 1987 (BGBl. I S. 602), zuletzt geändert durch Gesetz vom 22. August 2002 (BGBl. I S. 3387), in der jeweils geltenden Fassung ist die Bürgermeisterin oder der Bürgermeister.

(4) Satzungen sind öffentlich bekannt zu machen. Soweit Satzungen nach gesetzlichen Vorschriften einer Genehmigung bedürfen, ist diese zusammen mit der Satzung öffentlich bekannt zu machen. Das Gleiche gilt, wenn gesetzlich eine Zustimmung vorgeschrieben ist.

(5) Satzungen treten, wenn in ihnen kein anderer Zeitpunkt bestimmt ist, am Tag nach der Bekanntmachung in Kraft.

(6) Satzungen[5], die unter Verletzung von Verfahrens- oder Formvorschriften dieses Gesetzes oder auf Grund dieses Gesetzes zustande gekommen sind, gelten ein Jahr nach der öffentlichen Bekanntmachung als von Anfang an gültig zustande gekommen. Dies gilt nicht, wenn

1. die Vorschriften über die Genehmigung oder die öffentliche Bekanntmachung der Satzung verletzt worden sind,

2. vor Ablauf der in Satz 1 genannten Frist die Bürgermeisterin oder der Bürgermeister dem Beschluss widersprochen oder die Kommunalaufsichtsbehörde den Beschluss beanstandet hat oder der Verfahrens- oder Formmangel gegenüber der Gemeinde unter Bezeichnung der Tatsache, die den Mangel ergibt, schriftlich gerügt worden ist.

Bei der öffentlichen Bekanntmachung der Satzung ist auf die Rechtsfolgen nach Satz 1 hinzuweisen.

(7) Absatz 6 gilt für Beschlüsse über Flächennutzungspläne entsprechend.

Fußnote:

[5] Vgl. hierzu Übergangsvorschrift in Art. 2 des Gesetzes vom 18. Januar 1989 (Amtsbl. S. 321):

„(1) Für Satzungen der Gemeinden, die vor In-Kraft-Treten dieses Gesetzes in Kraft getreten sind, kann die Wirkung des § 12 Abs. 5 nachträglich herbeigeführt werden, wenn innerhalb von sechs Monaten nach In-Kraft-Treten dieses Gesetzes durch öffentliche Bekanntmachung auf die in § 12 Abs. 5 bezeichneten Rechtsfolgen und auf die in § 12 Abs. 5 Satz 2 Nr. 2 bezeichnete Frist, die mit der Bekanntmachung beginnt, hingewiesen wird.

(2) Absatz 1 gilt für Flächennutzungspläne entsprechend."

II. Abschnitt

Gemeindegebiet

§ 13 Gebietsbestand

(1) Das Gebiet der Gemeinde bilden die Grundstücke, die nach geltendem Recht zu ihr gehören. Grenzstreitigkeiten entscheidet die Kommunalaufsichtsbehörde.

(2) Jedes Grundstück muss zu einer Gemeinde gehören.

(3) Das Gebiet jeder Gemeinde soll so bemessen sein, dass die örtliche Verbundenheit der Einwohnerinnen und Einwohner gewahrt und die Leistungsfähigkeit der Gemeinde zur Erfüllung ihrer Aufgaben gesichert ist.

§ 14 Gebietsänderungen

(1) Aus Gründen des öffentlichen Wohls können Gemeindegrenzen geändert, Gemeinden aufgelöst und Gemeinden neu gebildet werden.

(2) Die Änderung von Gemeindegrenzen als Folge von Überflutung, Verlandung oder Uferabriss regelt das Saarländische Wassergesetz. Die

Änderung von Gemeindegrenzen im Rahmen der Flurbereinigung regelt das Flurbereinigungsgesetz.

§ 15 Verfahren

(1) Die Gemeinden können über die Änderung ihrer Grenzen Vereinbarungen treffen (Grenzänderungsverträge).

(2) Grenzänderungsverträge bedürfen der Zustimmung des Ministeriums für Inneres und Sport; es macht sie öffentlich bekannt.

(3) Grenzänderungen, die gegen den Willen einer Gemeinde durchgeführt werden sollen, bedürfen einer Rechtsverordnung der Landesregierung. Die beteiligten Gemeinden sind zuvor zu hören.

(4) Die Auflösung und die Neubildung von Gemeinden erfolgen

1. bei Zustimmung der beteiligten Gemeinden durch Rechtsverordnung der Landesregierung,

2. gegen den Willen einer beteiligten Gemeinde durch Gesetz.

§ 16 Auseinandersetzung

(1) Der Grenzänderungsvertrag soll die näheren Bedingungen der Grenzänderungen, insbesondere die Auseinandersetzung, die Rechtsnachfolge, das Ortsrecht und die neue Verwaltung regeln.

(2) Vereinbarungen im Sinne des Absatzes 1 können von den beteiligten Gemeinden auch getroffen werden, wenn eine Gebietsänderung durch Rechtsverordnung oder durch Gesetz erfolgt. Kommt eine Vereinbarung nicht zustande oder enthält der Grenzänderungsvertrag oder die Vereinbarung keine erschöpfende Regelung, so erlässt die Kommunalaufsichtsbehörde, sofern Grenzen

von Landkreisen berührt werden das Ministerium für Inneres und Sport, die notwendigen Bestimmungen.

(3) Der Grenzänderungsvertrag und die gemäß Absatz 2 erlassenen Bestimmungen begründen im Zeitpunkt ihres In-Kraft-Tretens Rechte und Pflichten der Beteiligten und bewirken den Übergang, die Beschränkung oder die Aufhebung von dinglichen Rechten. Die Kommunalaufsichtsbehörde beantragt die Berichtigung des Grundbuchs und anderer öffentlicher Bücher; sie ist befugt, Unschädlichkeitszeugnisse auszustellen.

§ 17 Abgabenfreiheit

Rechtshandlungen, die aus Anlass der Änderung des Gemeindegebiets erforderlich werden, sind frei von öffentlichen Abgaben. Das Gleiche gilt für Berichtigungen, Löschungen und sonstige Eintragungen gemäß § 16 Abs. 3 Satz 2.

III. Abschnitt

Einwohnerinnen und Einwohner, Bürgerinnen und Bürger

§ 18 Begriff

(1) Einwohnerin oder Einwohner ist, wer in der Gemeinde wohnt.

(2) Bürgerin oder Bürger der Gemeinde ist jede oder jeder Deutsche im Sinne des Artikels 116 des Grundgesetzes und jede oder jeder Staatsangehörige der übrigen Mitgliedstaaten der Europäischen Union (Unionsbürger), die oder der das achtzehnte Lebensjahr vollendet hat und mindestens drei Monate in der Gemeinde wohnt. Wer in mehreren

Gemeinden wohnt, ist Bürgerin oder Bürger nur in der Gemeinde, in der sie oder er ihre oder seine Hauptwohnung hat.

§ 19 Rechte und Pflichten der Einwohnerinnen und Einwohner

(1) Die Einwohnerinnen und Einwohner sind im Rahmen der bestehenden Vorschriften berechtigt, die öffentlichen Einrichtungen der Gemeinde zu benutzen und verpflichtet, zu den Gemeindelasten beizutragen.

(2) Grundbesitzerinnen, Grundbesitzer und Gewerbetreibende, die nicht in der Gemeinde wohnen, sind in gleicher Weise berechtigt, die öffentlichen Einrichtungen zu benutzen, die in der Gemeinde für Grundbesitzerinnen und Grundbesitzer oder Gewerbetreibende bestehen, und verpflichtet, für ihren Grundbesitz oder Gewerbebetrieb im Gemeindegebiet zu den Gemeindelasten beizutragen.

(3) Die Vorschriften gelten entsprechend für juristische Personen und nicht rechtsfähige Personenvereinigungen.

§ 20 Unterrichtung der Einwohnerinnen und Einwohner

(1) Die Bürgermeisterin oder der Bürgermeister soll die Einwohnerinnen und Einwohner über wichtige Gemeindeangelegenheiten in geeigneter Form unterrichten. Zu diesem Zweck kann sie oder er auch Einwohnerversammlungen einberufen; diese können auf Gemeindeteile beschränkt werden.

(2) Bei der Gemeinde ist eine Sammlung der geltenden Gesetze und Rechtsverordnungen des Bundes und des Landes sowie eine Sammlung aller in ihrem Gebiet geltenden Satzungen und Verordnungen anzulegen und zu gewährleisten, dass jedermann während der Geschäftszeiten der Gemeindeverwaltung Einsicht

nehmen und sich auf seine Kosten Ausdrucke oder Kopien anfertigen lassen kann.

§ 20a Einwohnerfragestunde

Der Gemeinderat kann bei öffentlichen Sitzungen Einwohnerinnen und Einwohnern und den ihnen nach § 19 Abs. 2 und 3 gleich gestellten Personen und Personenvereinigungen die Gelegenheit geben, Fragen aus dem Bereich der kommunalen Selbstverwaltung zu stellen sowie Anregungen und Vorschläge zu unterbreiten. Das Nähere bestimmt eine Satzung.

§ 20b Einwohnerbefragung

(1) Der Gemeinderat kann beschließen, dass zu wichtigen Angelegenheiten der Gemeinde eine Befragung der Einwohnerinnen und Einwohner durchgeführt wird.

(2) Wird eine Befragung durchgeführt, müssen den Einwohnerinnen und Einwohnern zuvor die von den Gemeindeorganen vertretenen Auffassungen in der Form einer öffentlichen Bekanntmachung dargelegt werden. Eine Befragung hat in anonymisierter Form zu erfolgen. Die Teilnahme ist freiwillig.

(3) Das Nähere bestimmt eine Satzung.

§ 21 Einwohnerantrag

(1) Die Einwohnerinnen und Einwohner einer Gemeinde, die das sechzehnte Lebensjahr vollendet haben, können beantragen, dass die Bürgermeisterin oder der Bürgermeister dem Gemeinderat eine bestimmte dem Gemeinderat obliegende Selbstverwaltungsangelegenheit zur Beratung und Entscheidung vorlegt (Einwohnerantrag).

(2) Der Einwohnerantrag muss schriftlich eingereicht werden. Er muss einen bestimmten mit Begründung versehenen Antrag enthalten und von mindestens 5 vom Hundert der Einwohnerinnen und Einwohner nach Absatz 1 unterzeichnet sein.

(3) Über die Zulässigkeit des Einwohnerantrags nach den Absätzen 1 und 2 entscheidet die Bürgermeisterin oder der Bürgermeister. Ist der Einwohnerantrag zulässig, so hat der Gemeinderat oder, wenn die Angelegenheit einem Ausschuss zur Beschlussfassung übertragen ist, der Ausschuss innerhalb von drei Monaten nach seinem Eingang die Angelegenheit zu behandeln; hierbei sollen Vertreterinnen oder Vertreter der Antragstellerinnen und Antragsteller gehört werden. Die Entscheidung ist öffentlich bekannt zu machen.

(4) § 3a des Saarländischen Verwaltungsverfahrensgesetzes[7] findet keine Anwendung.

Fußnote:

[7] SVWVFG VGL. BS-NR. 2010-5.

§ 21a Bürgerbegehren und Bürgerentscheid

(1) Die Bürgerinnen und Bürger einer Gemeinde können beantragen (Bürgerbegehren), dass sie an Stelle des Gemeinderats über eine Angelegenheit der Gemeinde selbst entscheiden (Bürgerentscheid). Der Gemeinderat kann die Durchführung eines Bürgerentscheids beschließen.

(2) Das Bürgerbegehren ist schriftlich bei der Gemeinde einzureichen; richtet es sich gegen einen Beschluss des Gemeinderats, muss es innerhalb von zwei Monaten nach der Beschlussfassung eingereicht sein. Es muss die zu entscheidende Angelegenheit in Form einer mit "Ja" oder "Nein" zu beantwortenden Frage, eine Begründung

und einen nach den gesetzlichen Bestimmungen durchführbaren Vorschlag für die Deckung der Kosten der begehrten Maßnahme enthalten sowie bis zu drei Personen benennen, die berechtigt sind, das Bürgerbegehren zu vertreten.

(3) Das Bürgerbegehren muss von mindestens 15 vom Hundert der Bürgerinnen und Bürger unterzeichnet sein. Ausreichend sind jedoch in Gemeinden

- mit nicht mehr als 20.000 Einwohnerinnen und Einwohnern	2.000 Unterschriften,
- mit mehr als 20.000 Einwohnerinnen und Einwohnern, aber	
nicht mehr als 40.000 Einwohnerinnen und Einwohnern	4.500 Unterschriften,
- mit mehr als 40.000 Einwohnerinnen und Einwohnern, aber	
nicht mehr als 60.000 Einwohnerinnen und Einwohnern	7.500 Unterschriften,
- mit mehr als 60.000 Einwohnerinnen und Einwohnern	18.000 Unterschriften.

(4) Bürgerbegehren und Bürgerentscheid sind unzulässig über

1. die innere Organisation der Gemeindeverwaltung,

2. die Rechtsverhältnisse der für die Gemeinde ehren- oder hauptamtlich Tätigen,

3. die Haushaltssatzung einschließlich der Wirtschaftspläne der Eigenbetriebe und sonstigen Unternehmen ohne eigene

Rechtspersönlichkeit mit Sonderrechnung, das Haushaltssicherungskonzept sowie die kommunalen Abgaben und die privatrechtlichen Entgelte,

4. den Jahresabschluss und den Gesamtabschluss der Gemeinde, die Entlastung der Bürgermeisterin oder des Bürgermeisters und der Beigeordneten und die Feststellung der Jahresabschlüsse der Eigenbetriebe und sonstigen Unternehmen ohne eigene Rechtspersönlichkeit mit Sonderrechnung,

5. Vorhaben, für deren Zulassung ein Planfeststellungsverfahren oder ein förmliches Verwaltungsverfahren mit Öffentlichkeitsbeteiligung erforderlich ist,

6. die Aufstellung, Änderung, Ergänzung und Aufhebung von Bauleitplänen,

7. Entscheidungen über Rechtsbehelfe und Rechtsstreitigkeiten,

8. Angelegenheiten, für die der Gemeinderat keine gesetzliche Zuständigkeit hat,

9. Anträge, die ein gesetzwidriges Ziel verfolgen und

10. Angelegenheiten, über die innerhalb der letzten zwei Jahre bereits ein Bürgerentscheid durchgeführt worden ist.

(5) Der Gemeinderat stellt unverzüglich fest, ob das Bürgerbegehren zulässig ist. Entspricht der Gemeinderat dem zulässigen Bürgerbegehren nicht, ist innerhalb von drei Monaten ein Bürgerentscheid durchzuführen. § 20b Abs. 2 Satz 1 gilt entsprechend. Entspricht der Gemeinderat dem Bürgerbegehren, so unterbleibt der Bürgerentscheid. Der Bürgerentscheid nach Absatz 1 Satz 2 ist innerhalb von drei Monaten durchzuführen.

(6) Bei einem Bürgerentscheid ist die gestellte Frage in dem Sinn entschieden, in dem sie von der Mehrheit der gültigen Stimmen beantwortet wurde, sofern diese Mehrheit mindestens 30 vom Hundert der Stimmberechtigten beträgt. Bei Stimmengleichheit gilt die Frage als mit "Nein" beantwortet.

(7) Der Bürgerentscheid steht einem Beschluss des Gemeinderats gleich. § 60 findet keine Anwendung. Vor Ablauf von zwei Jahren kann er nur auf Initiative des Rats durch einen neuen Bürgerentscheid abgeändert werden.

(8) Das Nähere bestimmt das Kommunalwahlgesetz.

(9) § 3a des Saarländischen Verwaltungsverfahrensgesetzes[7] findet keine Anwendung.

Fußnote:

[7] SVwVfG vgl. BS-Nr. 2010-5.

§ 22 Anschluss- und Benutzungszwang

(1) Die Gemeinden können bei öffentlichem Bedürfnis durch Satzung für die Grundstücke ihres Gebiets den Anschluss an Wasserleitung, Kanalisation, Straßenreinigung, Einrichtungen zur Versorgung mit Fernwärme und ähnliche der Volksgesundheit dienende Einrichtungen (Anschlusszwang) und die Benutzung dieser Einrichtungen und der Schlachthöfe (Benutzungszwang) vorschreiben.

(2) Die Satzung kann Ausnahmen vom Anschluss- und Benutzungszwang zulassen. Sie kann den Zwang auch auf bestimmte Teile des Gemeindegebiets und auf bestimmte Gruppen von Grundstücken oder Personen beschränken.

§ 23 Ehrenbürgerrecht und Ehrenbezeichnungen

(1) Die Gemeinde kann Persönlichkeiten, die sich um sie besonders verdient gemacht haben, das Ehrenbürgerrecht verleihen.

(2) Die Gemeinde kann Bürgerinnen und Bürgern, die mindestens zwanzig Jahre ein Ehrenamt verwaltet haben und in Ehren ausgeschieden sind, eine Ehrenbezeichnung verleihen.

(3) Ehrenbürgerrecht und Ehrenbezeichnungen werden verwirkt, wenn die Trägerin oder der Träger die Fähigkeit verliert, öffentliche Ämter zu bekleiden.

§ 24 Rechte und Pflichten der Bürgerinnen und Bürger

(1) Die Bürgerinnen und Bürger sind nach Maßgabe des Kommunalwahlgesetzes wahlberechtigt und wählbar.

(2) Die Bürgerinnen und Bürger sind zu ehrenamtlicher Tätigkeit für die Gemeinde verpflichtet. Die Bestellung zu ehrenamtlicher Tätigkeit kann zurückgenommen werden.

§ 25 Ablehnung ehrenamtlicher Tätigkeit

(1) Die Bürgerin oder der Bürger kann die Übernahme einer ehrenamtlichen Tätigkeit ablehnen oder ihre Ausübung verweigern, wenn ein wichtiger Grund vorliegt. Ein wichtiger Grund liegt vor, wenn der Bürgerin oder dem Bürger die ehrenamtliche Tätigkeit wegen ihres oder seines Alters, ihres oder seines Gesundheitszustandes, ihrer oder seiner Berufs- oder Familienverhältnisse oder wegen sonstiger in ihrer oder seiner Person liegender Umstände nicht zugemutet werden kann. Ob ein wichtiger Grund vorliegt, entscheidet der Gemeinderat.

(2) Der Gemeinderat kann gegen eine Bürgerin oder einen Bürger, die oder der ohne wichtigen Grund eine ehrenamtliche Tätigkeit

ablehnt oder ihre weitere Ausübung verweigert, zur Erzwingung pflichtgemäßen Verhaltens nach vorheriger Androhung und Setzung einer angemessenen Frist ein Zwangsgeld bis zu 250 Euro festsetzen.

§ 26 Treuepflicht

(1) Ehrenamtlich tätige Bürgerinnen und Bürger haben eine besondere Treuepflicht gegenüber der Gemeinde.

(2) Ehrenamtlich tätige Bürgerinnen und Bürger dürfen Ansprüche Dritter gegen die Gemeinde nicht geltend machen, wenn die Ansprüche mit den Aufgaben ihrer ehrenamtlichen Tätigkeit in Zusammenhang stehen, es sei denn, sie handeln als gesetzliche Vertreter.

(3) Eine Bürgerin oder ein Bürger, die oder der zu ehrenamtlicher Tätigkeit bestellt wird, ist zur Verschwiegenheit verpflichtet über alle Angelegenheiten, deren Geheimhaltung besonders vorgeschrieben, angeordnet oder ihrer Natur nach erforderlich ist. Sie oder er darf die Kenntnis von Angelegenheiten, über die sie oder er Verschwiegenheit zu wahren hat, nicht unbefugt verwerten. Diese Verpflichtungen bestehen auch nach Beendigung der ehrenamtlichen Tätigkeit fort.

(4) Ordnungswidrig handelt, wer vorsätzlich oder fahrlässig die Treuepflicht nach Absatz 2 oder 3 verletzt. Die Ordnungswidrigkeit kann mit einer Geldbuße geahndet werden. Verwaltungsbehörde im Sinne des § 36 Abs. 1 Nr. 1 des Gesetzes über Ordnungswidrigkeiten ist die Bürgermeisterin oder der Bürgermeister. Beabsichtigt die Bürgermeisterin oder der Bürgermeister, eine Geldbuße gegen ein Gemeinderatsmitglied festzusetzen, so ist der Gemeinderat zu hören.

§ 27 Mitwirkungsverbot bei Interessenwiderstreit und Heilung bei Verfahrensmängeln

(1) Wer ehrenamtlich tätig ist, darf weder beratend noch entscheidend mitwirken, wenn die Entscheidung einer Angelegenheit

1. ihr oder ihm selbst,

2. einer oder einem ihrer oder seiner Angehörigen,

3. einer von ihr oder ihm kraft Gesetzes oder kraft Vollmacht vertretenen natürlichen oder juristischen Person

einen unmittelbaren Vorteil oder Nachteil bringen kann.

(2) Das Mitwirkungsverbot gilt auch, wenn die oder der ehrenamtlich Tätige

1. Angehörige oder Angehöriger einer Person ist, die eine natürliche oder juristische Person, der die Entscheidung einen unmittelbaren Vorteil oder Nachteil bringen kann, in der betreffenden Angelegenheit vertritt,

2. bei einer natürlichen oder juristischen Person oder einer Vereinigung, der die Entscheidung einen unmittelbaren Vorteil oder Nachteil bringen kann, gegen Entgelt beschäftigt ist und nach den tatsächlichen Umständen, insbesondere der Art ihrer oder seiner Beschäftigung, ein Interessenwiderstreit anzunehmen ist,

3. Mitglied des Vorstandes, des Aufsichtsrats oder eines gleichartigen Organs einer juristischen Person oder einer Vereinigung ist, der die Entscheidung einen unmittelbaren Vorteil oder Nachteil bringen kann, es sei denn, sie oder er gehört den genannten Organen als Vertreterin oder Vertreter oder auf Vorschlag der Gemeinde an,

4. in anderer als öffentlicher Eigenschaft in der Angelegenheit ein Gutachten abgegeben hat oder sonst tätig geworden ist.

(3) Das Mitwirkungsverbot gilt nicht,

1. wenn der Vorteil oder Nachteil nur darauf beruht, dass jemand einer Berufs- oder Bevölkerungsgruppe angehört, deren gemeinsame Interessen durch die Angelegenheit berührt werden,

2. bei Wahlen in unbesoldete Stellen, die vom Gemeinderat aus seiner Mitte vorgenommen werden.

(4) Ob Interessenwiderstreit vorliegt, entscheidet im Streitfall der Gemeinderat. Die von der Entscheidung Betroffenen dürfen an der Beratung und Abstimmung nicht teilnehmen.

(5) Angehörige im Sinne des Absatzes 1 Nr. 2 und des Absatzes 2 Nr. 1 sind die in § 20 Abs. 5 des Saarländischen Verwaltungsverfahrensgesetzes aufgeführten Personen.

(6) Ein Beschluss, der unter Verletzung der Absätze 1 und 2 gefasst worden ist, ist unwirksam. Er gilt jedoch ein Jahr nach der Beschlussfassung oder, wenn eine öffentliche Bekanntmachung erforderlich ist, ein Jahr nach dieser als von Anfang an gültig zustande gekommen, es sei denn, dass vor Ablauf der Frist die Bürgermeisterin oder der Bürgermeister dem Beschluss widersprochen oder die Kommunalaufsichtsbehörde den Beschluss beanstandet hat. Die Heilung tritt nicht gegenüber derjenigen oder demjenigen ein, die oder der vor Ablauf der Jahresfrist einen förmlichen Rechtsbehelf eingelegt hat, wenn in dem Verfahren der Mangel festgestellt wird.

§ 28 Entschädigung für ehrenamtliche Tätigkeit

(1) Ehrenamtlich tätige Bürgerinnen und Bürger haben gegen die Gemeinde Anspruch auf Ersatz ihrer baren Auslagen und des Verdienstausfalls.

(2) Die Ansprüche nach Absatz 1 sind nicht übertragbar.

Zweiter Teil

Organe und Verwaltung

I. Abschnitt

Allgemeine Vorschriften

§ 29 Organe

(1) Organe der Gemeinde sind der Gemeinderat und die Bürgermeisterin oder der Bürgermeister.

(2) Der Gemeinderat führt in den Städten die Bezeichnung Stadtrat.

(3) Die Bürgermeisterin oder der Bürgermeister führt in Städten mit mehr als 30.000 Einwohnerinnen und Einwohnern die Amtsbezeichnung Oberbürgermeisterin oder Oberbürgermeister.

§ 30 Rechtsstellung der Organträger

(1) Die Mitglieder des Gemeinderats sind ehrenamtlich tätig. Sie handeln nach ihrer freien, nur durch die Rücksicht auf das Gemeinwohl bestimmten Gewissensüberzeugung. Sie sind an Aufträge und Weisungen nicht gebunden. Die Vorschriften über die Ausübung einer

ehrenamtlichen Tätigkeit finden Anwendung mit Ausnahme der §§ 24 und 25.

(2) Die Bürgermeisterin oder der Bürgermeister und hauptamtliche Beigeordnete sind Beamtinnen oder Beamte auf Zeit. In § 40 Abs. 2 des Saarländischen Beamtengesetzes tritt für sie an die Stelle des Anspruchs auf Übertragung eines Amtes derselben oder einer mindestens gleichwertigen Laufbahn der Anspruch auf die Bezüge, die ihnen aus ihrem bisherigen Amt zugestanden hätten.

(3) Ehrenamtliche Beigeordnete sind Ehrenbeamtinnen oder Ehrenbeamte. Das Ehrenbeamtenverhältnis ist an eine Altersgrenze nicht gebunden. Es beginnt mit der Ernennung und endet, soweit gesetzlich nichts anderes bestimmt ist, mit dem Ausscheiden aus dem Amt. Die Vorschriften des Saarländischen Beamtengesetzes über das Verbot der Führung der Dienstgeschäfte (§ 7 Abs. 2), die Entlassung (§§ 36 bis 39), die Entscheidung im Wiederaufnahmeverfahren (§ 40 Abs. 2 bis 5) sowie die Erteilung eines Dienstzeugnisses (§ 77) und die Ausübung des Begnadigungsrechts nach § 3 Abs. 1 Nr. 3 des Saarländischen Gnadengesetzes finden keine Anwendung.

(4) Mitglieder des Gemeinderats und ehrenamtliche Beigeordnete scheiden mit dem Verlust der Wählbarkeit aus ihrem Amt aus. Die Feststellung über den Verlust der Wählbarkeit und das Ausscheiden trifft der Gemeinderat. Ehrenamtliche Beigeordnete scheiden ferner mit der Beendigung des Ehrenbeamtenverhältnisses aus ihrem Amt aus. Das Gleiche gilt, wenn ehrenamtliche Beigeordnete sich weigern, den gesetzlich vorgeschriebenen Diensteid zu leisten oder das an dessen Stelle vorgeschriebene Gelöbnis abzulegen.

(5) Gemeinderatsmitglieder, die derselben Partei oder politischen Gruppierung mit im Wesentlichen gleicher politischer Zielsetzung angehören, können sich zu einer Fraktion zusammenschließen. Eine Fraktion muss aus mindestens zwei Mitgliedern bestehen. Die näheren

Einzelheiten über die Bildung der Fraktionen, ihre Rechte und Pflichten regelt die Geschäftsordnung.

§ 31 Amtszeit

(1) Die Amtszeit des Gemeinderats beträgt fünf Jahre; sie beginnt am fünfzehnten auf den Wahltag folgenden Tag, jedoch nicht vor Ablauf der Amtszeit des bisherigen Gemeinderats. Endet die Amtszeit des bisherigen Gemeinderats vor dem fünfzehnten auf den Tag der Wahl des neuen Gemeinderats folgenden Tag, so verlängert sich die Amtszeit bis zum Beginn der Amtszeit des neu gewählte Rats, längstens jedoch um einen Monat.

(2) Für die Dauer von zehn Jahren werden Bürgermeisterinnen und Bürgermeister vorbehaltlich der Regelung des § 56 Abs. 3 sowie hauptamtliche Beigeordnete berufen.

(3) Ehrenamtliche Beigeordnete werden für die Amtszeit des Gemeinderats gewählt. Ihre Amtszeit beginnt mit ihrer Wahl; die Ernennung zum Ehrenbeamten ist unverzüglich vorzunehmen.

(4) Die besonderen Vorschriften über die vorzeitige Beendigung der Amtszeit des Gemeinderats und seiner Mitglieder sowie der ehrenamtlichen Beigeordneten bleiben unberührt.

II. Abschnitt

Gemeinderat

§ 32 Zusammensetzung und Wahl des Gemeinderats

(1) Der Gemeinderat besteht aus den von den Bürgerinnen und Bürgern in allgemeiner, gleicher, geheimer, unmittelbarer und freier Wahl gewählten Mitgliedern.

(2) Die Zahl der Mitglieder des Gemeinderats beträgt in Gemeinden

bis zu 10.000 Einwohnerinnen und Einwohnern	27,
mit mehr als 10.000 bis zu 20.000 Einwohnerinnen und Einwohnern	33,
mit mehr als 20.000 bis zu 30.000 Einwohnerinnen und Einwohnern	39,
mit mehr als 30.000 bis zu 40.000 Einwohnerinnen und Einwohnern	45,
mit mehr als 40.000 bis zu 60.000 Einwohnerinnen und Einwohnern	51,
mit mehr als 60.000 bis zu 100.000 Einwohnerinnen und Einwohnern	57,
mit mehr als 100.000 Einwohnerinnen und Einwohnern	63.

(3) Das Nähere über die Wahl und Ergänzung des Gemeinderats bestimmt das Kommunalwahlgesetz.

§ 33 Pflichten und Rücktrittsrecht

(1) Die Mitglieder des Gemeinderats haben die ihnen obliegenden Pflichten gewissenhaft zu erfüllen, insbesondere an den Sitzungen des Gemeinderats teilzunehmen.

(2) Die Mitglieder des Gemeinderats werden vor ihrem Amtsantritt in öffentlicher Sitzung von der Bürgermeisterin oder vom Bürgermeister durch Handschlag zur gesetzmäßigen und gewissenhaften Ausübung ihres Amtes und zur Verschwiegenheit verpflichtet.

(3) Die Mitglieder des Gemeinderats können ihr Amt jederzeit durch schriftliche Erklärung gegenüber der Bürgermeisterin oder dem Bürgermeister niederlegen. Die Erklärung ist unwiderruflich.

§ 34 Aufgaben des Gemeinderats

Der Gemeinderat beschließt über alle Selbstverwaltungsangelegenheiten der Gemeinde, soweit sie nicht der Bürgermeisterin oder dem Bürgermeister, einem Ausschuss, einem Bezirksrat oder einem Ortsrat übertragen sind. Über andere als Selbstverwaltungsangelegenheiten kann der Gemeinderat nur beschließen, wenn besondere gesetzliche Vorschriften dies zulassen.

§ 35 Vorbehaltene Aufgaben

Der Gemeinderat kann die Entscheidung über folgende Angelegenheiten nicht übertragen:

1. die Bestimmung und die Änderung von Namen, Bezeichnungen, Wappen und Farben;

2. die Änderung des Gemeindegebiets;

3. die Verleihung des Ehrenbürgerrechts und einer Ehrenbezeichnung;

4. den Ausschluss wegen Interessenwiderstreits im Gemeinderat (§ 27 Abs. 4) sowie die Feststellung über den Verlust der Wählbarkeit und das Ausscheiden aus dem Gemeinderat (§ 30 Abs. 4);

5. die Wahl der Bürgermeisterin oder des Bürgermeisters nach § 56 Abs. 2 und der Beigeordneten;

6. die Bildung und Auflösung von Ausschüssen sowie die Berufung der Ausschussmitglieder;

7. die Einteilung des Gemeindegebiets in Gemeindebezirke oder Stadtbezirke;

8. die Übertragung von Aufgaben auf den Ortsrat (§ 73) und auf den Bezirksrat sowie die Zustimmung bei der Übertragung von Verwaltungsgeschäften auf die Verwaltungsstelle (§ 76) und die Bezirksverwaltung (§ 77);

9. die Aufstellung von Grundsätzen für die Ernennung und Entlassung der Beamtinnen und Beamten sowie für die Einstellung, Einstufung und Entlassung der Arbeitnehmerinnen und Arbeitnehmer, soweit hierüber im geltenden Beamten- und Arbeitsrecht keine Vorschriften enthalten sind;

10. den Abschluss von Tarifverträgen oder den Beitritt zu einem Arbeitgeberverband;

11. die Ernennung und Entlassung von leitenden Beamtinnen und Beamten sowie die Einstellung und Entlassung von leitenden Arbeitnehmerinnen und Arbeitnehmern;

12. den Erlass, die Änderung und die Aufhebung von Satzungen;

13. den Erlass der Geschäftsordnung;

14. die allgemeine Festsetzung öffentlicher Abgaben und privatrechtlicher Entgelte;

15. den Erlass der Haushaltssatzung, die Aufstellung eines Haushaltssanierungsplans oder eines Sanierungshaushalts, die Zustimmung zu erheblichen überplanmäßigen und außerplanmäßigen Aufwendungen und Auszahlungen oder derartigen Verpflichtungsermächtigungen sowie die Festsetzung des Investitionsprogramms;

16. die Feststellung des Jahresabschlusses und des Gesamtabschlusses sowie die Entlastung der Bürgermeisterin oder des Bürgermeisters;

17. den Erwerb von Vermögensgegenständen und die Verfügung über Gemeindevermögen, soweit der Vermögensgegenstand eine vom Gemeinderat allgemein festgesetzte Wertgrenze übersteigt;

17a. die Feststellung und die Änderung des Wirtschaftsplans sowie die Feststellung des Jahresabschlusses und die Behandlung des Ergebnisses von Eigenbetrieben und sonstigen Unternehmen ohne eigene Rechtspersönlichkeit mit Sonderrechnung;

18. die Feststellung des Betriebsplans und des Wirtschaftsplans für die Gemeindewaldungen;

18a. die vollständige oder teilweise Anwendung der für Eigenbetriebe geltenden Vorschriften über die Wirtschaftsführung und das Rechnungswesen auf Unternehmen ohne eigene Rechtspersönlichkeit;

19. die Errichtung, Übernahme und Erweiterung, die Änderung der Rechtsform und die vollständige oder teilweise Veräußerung von öffentlichen Einrichtungen und Unternehmen;

20. die unmittelbare und mittelbare Beteiligung, die Änderung und die vollständige oder teilweise Veräußerung einer solchen Beteiligung an einem Unternehmen in einer Rechtsform des privaten Rechts;

21. die Umwandlung des Zwecks und die Aufhebung einer Stiftung einschließlich der Entscheidung über den Verbleib des Stiftungsvermögens;

22. die Umwandlung von Gemeindegliedervermögen in freies Gemeindevermögen sowie die Veränderung der Nutzungsrechte am Gemeindegliedervermögen;

23. die Übernahme von Bürgschaften, den Abschluss von Gewährverträgen und die Bestellung anderer Sicherheiten für Dritte sowie solche Rechtsgeschäfte, die den vorgenannten wirtschaftlich gleichkommen;

24. die Bestellung und die Abberufung der Leiterin oder des Leiters des Rechnungsprüfungsamts;

25. die Geltendmachung von Ansprüchen der Gemeinde gegen Bürgermeisterin, Bürgermeister, Beigeordnete und Mitglieder des Gemeinderats sowie die Genehmigung von Verträgen der Gemeinde mit der Bürgermeisterin, dem Bürgermeister oder mit Mitgliedern des Gemeinderats;

26. den Beitritt zu Zweckverbänden oder anderen Körperschaften des öffentlichen Rechts und den Austritt aus diesen sowie den Abschluss von öffentlich-rechtlichen Vereinbarungen;

27. die Übernahme neuer Aufgaben, für die keine gesetzliche Verpflichtung besteht;

28. die Führung eines Rechtsstreites von erheblicher Bedeutung;

29. den Verzicht auf Ansprüche der Gemeinde und den Abschluss von Vergleichen, soweit eine vom Gemeinderat allgemein festgesetzte Wertgrenze überschritten wird.

Dies gilt nicht für Angelegenheiten der Nummern 11, mit Ausnahme der Bestellung einer Werkleitung, 14, 17, 23 und 29, wenn diese Angelegenheiten dem Werksausschuss (§ 109 Abs. 2) oder der Werkleitung eines Eigenbetriebs übertragen werden sollen.

§ 36 Zuständigkeit bei Interessenwiderstreit

(1) Ein Beschluss des Gemeinderats über die Geltendmachung von Ansprüchen der Gemeinde gegen die Bürgermeisterin oder den Bürgermeister ist durch eine oder einen vom Gemeinderat aus seiner Mitte gewählte Beauftragte oder gewählten Beauftragten auszuführen.

(2) Verträge der Gemeinde mit der Bürgermeisterin, dem Bürgermeister oder mit Mitgliedern des Gemeinderats sind nur rechtsverbindlich, wenn der Gemeinderat sie genehmigt. Dies gilt nicht für Verträge nach feststehenden Tarifen.

§ 37 Auskunftsrecht

(1) Der Gemeinderat ist berechtigt, sich von der Durchführung der von ihm, seinen Ausschüssen oder einem Bezirksrat oder Ortsrat gefassten Beschlüsse zu überzeugen. Die Mitglieder des Gemeinderats können sich von der Bürgermeisterin oder vom Bürgermeister über alle Angelegenheiten, die der Beschlussfassung des Gemeinderats, seiner Ausschüsse oder eines Bezirksrats oder Ortsrats unterliegen,

unterrichten lassen. Auf Beschluss des Gemeinderats oder auf Verlangen von mindestens einem Viertel der gesetzlichen Zahl der Mitglieder des Gemeinderats hat die Bürgermeisterin oder der Bürgermeister dem Gemeinderat oder einem vom Gemeinderat bestimmten Ausschuss oder einzelnen von ihm beauftragten Mitgliedern des Gemeinderats Einsicht in die Akten zu gewähren.

(2) Zur Wahrnehmung seiner Rechte nach Absatz 1 dürfen personenbezogene Daten nur im jeweils erforderlichen Umfang an den Gemeinderat übermittelt werden.

(3) Einsicht in die Akten darf den Mitgliedern des Gemeinderats nicht gewährt werden, die wegen Interessenwiderstreits von der Beratung und der Entscheidung der Angelegenheit ausgeschlossen sind.

§ 38 Sitzungszwang

Der Gemeinderat beschließt in Sitzungen.

§ 39 Geschäftsordnung

Der Gemeinderat gibt sich eine Geschäftsordnung. Der Erlass und die Änderung bedürfen der Zustimmung der Mehrheit der gesetzlichen Zahl der Mitglieder des Gemeinderats. Das Gleiche gilt, wenn der Gemeinderat im Einzelfall von der Geschäftsordnung abweichen will. Die Gültigkeit der Geschäftsordnung ist nicht auf die Amtszeit des Gemeinderats beschränkt.

§ 40 Öffentlichkeit

(1) Die Sitzungen des Gemeinderats sind öffentlich, soweit nicht Rücksichten auf das öffentliche Wohl oder berechtigte Interessen Einzelner entgegenstehen.

(2) Anträge auf Ausschluss der Öffentlichkeit werden in nicht öffentlicher Sitzung begründet, beraten und entschieden; die Entscheidung kann in öffentlicher Sitzung getroffen werden, wenn keine besondere Begründung oder Beratung erforderlich ist.

(3) Die Geschäftsordnung kann festlegen, dass Angelegenheiten bestimmter Art unter Ausschluss der Öffentlichkeit zu behandeln sind.

§ 41 Einberufung und Tagesordnung

(1) Der Gemeinderat wird von der Bürgermeisterin oder vom Bürgermeister nach Bedarf einberufen. Die Bürgermeisterin oder der Bürgermeister muss den Gemeinderat unverzüglich einberufen, wenn eine Fraktion oder mindestens ein Viertel der gesetzlichen Zahl der Mitglieder des Gemeinderats unter Bezeichnung des Verhandlungsgegenstandes, der zu den Aufgaben des Gemeinderats gehören muss, dies schriftlich beantragt. Auf schriftlichen Antrag einer Fraktion oder von mindestens einem Viertel der gesetzlichen Zahl der Mitglieder des Gemeinderats hat die Bürgermeisterin oder der Bürgermeister bestimmte Verhandlungsgegenstände, die zu den Aufgaben des Gemeinderats gehören müssen, in die Tagesordnung der nächsten Sitzung aufzunehmen. Die Anträge müssen bei der Bürgermeisterin oder beim Bürgermeister innerhalb einer in der Geschäftsordnung zu bestimmenden Frist eingegangen sein. Die Kommunalaufsichtsbehörde kann die Einberufung des Gemeinderats unter Angabe bestimmter Verhandlungsgegenstände verlangen. Sie kann jederzeit an den Sitzungen des Gemeinderats teilnehmen.

(2) Der Gemeinderat ist zu seiner ersten Sitzung innerhalb eines Monats nach Beginn seiner Amtszeit einzuberufen.

(3) Der Gemeinderat wird schriftlich unter Mitteilung der Tagesordnung einberufen; die Einberufung kann auch elektronisch erfolgen, sofern die Empfängerin oder der Empfänger hierfür einen

Zugang eröffnet. Zeit, Ort und Tagesordnung der Sitzung sind öffentlich bekannt zu machen. Die Einberufungsfrist beträgt mindestens drei Tage. In dringenden Fällen kann die Frist bis auf einen Tag verkürzt werden. Die Dringlichkeit muss durch den Gemeinderat vor Eintritt in die Tagesordnung bestätigt werden.

(4) Eine Verletzung von Form und Frist der Einberufung gilt gegenüber einem Mitglied des Gemeinderats als geheilt, wenn dieses Mitglied zu der Sitzung erscheint.

(5) Mit Zustimmung einer Mehrheit von zwei Dritteln der gesetzlichen Zahl der Mitglieder des Gemeinderats kann über unvorhergesehene und keinen Aufschub duldende Angelegenheiten beraten und Beschluss gefasst werden, auch wenn diese in die Tagesordnung nicht aufgenommen waren.

§ 42 Vorsitz

(1) Die Bürgermeisterin oder der Bürgermeister führt den Vorsitz im Gemeinderat. Sie oder er hat kein Stimmrecht. Die Beigeordneten vertreten sie oder ihn in der Reihenfolge ihrer Vertretungsbefugnis.

(2) Bei Verhinderung der Bürgermeisterin oder des Bürgermeisters und der Beigeordneten bestellt der Gemeinderat die Vorsitzende oder den Vorsitzenden aus seiner Mitte. Während der Wahl der oder des Vorsitzenden führt das an Lebensjahren älteste hierzu bereite Mitglied des Gemeinderats den Vorsitz.

(3) Bei Sitzungen, in denen über den Jahresabschluss beraten wird, bestellt der Gemeinderat für diesen Gegenstand der Tagesordnung eine besondere Vorsitzende oder einen besonderen Vorsitzenden.

§ 43 Aufgaben der oder des Vorsitzenden

(1) Die oder der Vorsitzende eröffnet und schließt die Sitzung, leitet die Verhandlung, handhabt die Ordnung und übt das Hausrecht aus.

(2) Die oder der Vorsitzende kann bei grober Ungebühr oder Zuwiderhandlung gegen die zur Aufrechterhaltung der Ordnung getroffenen Anordnungen Mitglieder des Gemeinderats zur Ordnung rufen. Nach dreimaligem Ordnungsruf kann sie oder er Mitglieder des Gemeinderats von der Sitzung ausschließen. Die Geschäftsordnung kann vorsehen, dass die oder der Vorsitzende in schweren Fällen den Ausschluss eines Mitglieds des Gemeinderats auch für mehrere, höchstens jedoch für drei Sitzungen aussprechen darf.

(3) Der Ausschluss von den Sitzungen des Gemeinderats hat den Ausschluss von allen Ausschusssitzungen für die gleiche Dauer zur Folge.

§ 44 Beschlussfähigkeit

(1) Der Gemeinderat ist beschlussfähig, wenn alle Mitglieder ordnungsgemäß einberufen sind und mehr als die Hälfte der gesetzlichen Mitgliederzahl anwesend ist. Im Falle des § 41 Abs. 4 gilt das Gemeinderatsmitglied als ordnungsgemäß einberufen.

(2) Ist die zur Beschlussfähigkeit erforderliche Anzahl von Mitgliedern nicht anwesend, so ist der zur Beratung derselben Gegenstände mit einer Frist von mindestens drei Tagen einberufene Gemeinderat beschlussfähig, sofern an stimmberechtigten Mitgliedern mindestens ein Fünftel der gesetzlichen Mitgliederzahl anwesend ist. Bei der Einberufung ist darauf ausdrücklich hinzuweisen.

(3) Ist die zur Beschlussfähigkeit erforderliche Anzahl von Mitgliedern nicht mehr vorhanden, weil mehr als die Hälfte der gesetzlichen Zahl der Mitglieder des Gemeinderats wegen

Interessenwiderstreits ausgeschlossen ist, so ist der Gemeinderat beschlussfähig, sofern mindestens drei stimmberechtigte Mitglieder anwesend sind.

§ 45 Beschlussfassung

(1) Der Gemeinderat beschließt mit einfacher Stimmenmehrheit, soweit das Gesetz nichts anderes bestimmt. Bei Stimmengleichheit gilt der Antrag als abgelehnt.

(2) Die Abstimmung ist grundsätzlich offen.

(3) Wenn mehr als ein Drittel der anwesenden Mitglieder des Gemeinderats es beantragt, wird namentlich abgestimmt. In der Sitzungsniederschrift ist zu vermerken, wie jedes einzelne Mitglied abgestimmt hat.

(4) Wenn mehr als ein Drittel der anwesenden Mitglieder des Gemeinderats es beantragt, wird geheim abgestimmt.

(5) Der Antrag auf geheime Abstimmung geht dem Antrag auf namentliche Abstimmung vor.

(6) Beschlüsse über die Einstellung und die Anstellung von leitenden Beamtinnen, Beamten, Arbeitnehmerinnen und Arbeitnehmern werden nach den für Wahlen geltenden Vorschriften gefasst.

(7) Stimmenthaltungen und ungültige Stimmen zählen bei der Berechnung der Mehrheit nicht mit.

§ 46 Wahlen

(1) Wahlen werden durch geheime Abstimmung vorgenommen.

(2) Gewählt ist, wer mehr als die Hälfte der abgegebenen gültigen Stimmen erhalten hat. Wird diese Mehrheit im ersten Wahlgang nicht erreicht, so tritt Stichwahl unter den beiden Bewerberinnen oder Bewerbern ein, die im ersten Wahlgang die höchsten Stimmzahlen erreicht haben. Bei Stimmengleichheit entscheidet das Los, wer in die Stichwahl kommt. Ergibt auch die Stichwahl Stimmengleichheit, so entscheidet das Los. § 45 Abs. 7 gilt entsprechend.

§ 47 Niederschrift

(1) Über den wesentlichen Inhalt der Verhandlungen des Gemeinderats ist eine Niederschrift zu fertigen.

(2) Die Führung der Sitzungsniederschrift kann einer oder einem Bediensteten der Gemeinde übertragen werden.

(3) Jedes Mitglied des Gemeinderats kann verlangen, dass seine Auffassung und seine Anträge in die Niederschrift aufgenommen werden.

(4) Die Niederschrift ist von der oder dem Vorsitzenden, der Schriftführerin oder dem Schriftführer und mindestens zwei durch die Geschäftsordnung oder durch Beschluss des Gemeinderats bestimmten Mitgliedern zu unterzeichnen.

(5) Die Niederschrift ist spätestens bei Beginn der nächsten Sitzung zu verlesen. Die Geschäftsordnung kann eine andere Form der Bekanntgabe der Niederschrift an die Mitglieder des Gemeinderats vorsehen. Über Einwendungen gegen die Niederschrift beschließt der Gemeinderat.

(6) Die Einwohnerinnen und Einwohner können die Niederschrift über die öffentliche Sitzung des Gemeinderats bei der Gemeindeverwaltung einsehen; sie können sich auf ihre Kosten

Ablichtungen anfertigen lassen. Die Ablichtungen der Niederschriften sind für die Mitglieder des Gemeinderats kostenlos anzufertigen.

§ 48 Ausschüsse

(1) Der Gemeinderat kann zur Vorbereitung seiner Beschlüsse und zur Beschlussfassung über Angelegenheiten, die ihm nicht nach § 35 vorbehalten sind, aus seiner Mitte Ausschüsse bilden. Für Finanzangelegenheiten, Personalangelegenheiten, Natur- und Umweltschutzangelegenheiten und Rechnungsprüfungsangelegenheiten müssen solche Ausschüsse gebildet werden. Eine Zusammenlegung von Ausschüssen ist, mit Ausnahme des Rechnungsprüfungsausschusses, zulässig.

(2) Bei der Besetzung der Ausschüsse sollen die im Gemeinderat vertretenen Parteien und Wählergruppen entsprechend ihrer Stärke berücksichtigt werden. Ergibt sich hierbei keine Einigung, so werden die Mitglieder vom Gemeinderat auf Grund von Wahlvorschlägen nach den Grundsätzen der Verhältniswahl unter Bindung an die Wahlvorschläge gewählt. Das Wahlergebnis ist nach dem Höchstzahlverfahren nach d'Hondt festzustellen. Jedes Ausschussmitglied kann sich durch ein Mitglied des Gemeinderats vertreten lassen. Die Vertretung ist der oder dem Ausschussvorsitzenden anzuzeigen und in der Niederschrift zu vermerken.

(3) Bleibt eine Fraktion bei der Bildung eines Ausschusses nach Absatz 2 unberücksichtigt, so kann sie aus ihrer Mitte ein Mitglied benennen, das mit beratender Stimme und dem Recht, Anträge zu stellen, an den Ausschusssitzungen teilnimmt. Absatz 2 Satz 4 und 5 gilt entsprechend. Mitglieder des Gemeinderats können an den Ausschusssitzungen ohne Stimmrecht teilnehmen.

(4) Die Bürgermeisterin oder der Bürgermeister führt den Vorsitz in den Ausschüssen für Finanzangelegenheiten und Personalangelegenheiten. Sind die Finanz- oder Personalangelegenheiten hauptamtlichen Beigeordneten übertragen, so kann die Bürgermeisterin oder der Bürgermeister die jeweils zuständige hauptamtliche Beigeordnete oder den jeweils zuständigen hauptamtlichen Beigeordneten mit dem Vorsitz in diesen Ausschüssen betrauen. In den übrigen Ausschüssen steht der Bürgermeisterin oder dem Bürgermeister der Vorsitz zu. Beansprucht die Bürgermeisterin oder der Bürgermeister den Vorsitz nicht, so steht er den Beigeordneten in der festgelegten Reihenfolge zu. Verzichten auch die Beigeordneten auf den Vorsitz, so wählt der Ausschuss die Vorsitzende oder den Vorsitzenden aus seiner Mitte. Die oder der Vorsitzende ist nur stimmberechtigt, wenn sie oder er gemäß Absatz 2 in den Ausschuss berufen ist.

(5) Die Sitzungen der Ausschüsse zur Vorbereitung der Beschlüsse des Gemeinderats sind nicht öffentlich. Sitzungen über die den Ausschüssen zur Beschlussfassung übertragenen Angelegenheiten sind öffentlich. § 40 ist entsprechend anzuwenden.

(6) Die für den Gemeinderat geltenden Vorschriften mit Ausnahme des § 37 Abs. 1 Satz 3, des § 39 und des § 41 Abs. 2 sind für die Ausschüsse sinngemäß anzuwenden. § 41 Abs. 1 Satz 2 gilt mit der Maßgabe, dass die oder der Vorsitzende den Ausschuss einberufen muss, wenn eine Fraktion oder mindestens ein Viertel der gesetzlichen Zahl der Mitglieder des Gemeinderats unter Bezeichnung des Verhandlungsgegenstandes dies schriftlich beantragt.

§ 49 Hinzuziehung von Sachverständigen und anderen Personen zu den Sitzungen

(1) Auf Beschluss des Gemeinderats können Sachverständige zu den Sitzungen des Gemeinderats und seiner Ausschüsse hinzugezogen werden. Sie sind nicht stimmberechtigt.

(2) Sachverständige, die zu nicht öffentlichen Sitzungen hinzugezogen werden, sind zur Verschwiegenheit verpflichtet.

(3) Der Gemeinderat kann beschließen, zu bestimmten Beratungsgegenständen Personen oder Personengruppen zu hören.

(4) Die Absätze 1 bis 3 gelten auch für Personen oder Personengruppen mit fremder Staatsangehörigkeit.

§ 49a Beteiligung von Kindern und Jugendlichen

(1) Die Gemeinden können bei Planungen und Vorhaben, die die Interessen von Kindern und Jugendlichen berühren, diese in angemessener Weise beteiligen.

(2) Für Jugendliche können hierzu Gremien eingerichtet werden. Das Nähere ist von den Gemeinden durch Satzung zu bestimmen, insbesondere sind dabei Regelungen über die Zusammensetzung, Wahl, Amtszeit, Rechtsstellung, Arbeitsweise und Entschädigung zu treffen.

(3) Kinder können über mit ihnen kooperierende und von der Gemeinde zu benennende Sachwalterinnen oder Sachwalter beteiligt werden.

§ 50 Integrationsbeiräte

(1) Die Gemeinden können Integrationsbeiräte bilden, in denen die Einwohnerinnen und Einwohner, die nicht Deutsche im Sinne des Artikels 116 Abs. 1 des Grundgesetzes sind, vertreten sind. Der Integrationsbeirat besteht zu zwei Dritteln aus Einwohnerinnen und Einwohnern, die nicht Deutsche im Sinne des Artikels 116 Abs. 1 des Grundgesetzes sind, und zu einem Drittel aus Mitgliedern des Gemeinderates. In Gemeinden mit einem Ausländeranteil von mindestens 8 vom Hundert an der Gesamtbevölkerung sollen Integrationsbeiräte gebildet werden. Für die Ermittlung des Ausländeranteils gilt § 71 Abs. 2 Satz 2 entsprechend.

(2) Zwei Drittel der Mitglieder des Integrationsbeirats werden von den Einwohnerinnen und Einwohnern, die nicht Deutsche im Sinne des Artikels 116 Abs. 1 des Grundgesetzes sind, in allgemeiner, gleicher, unmittelbarer, geheimer und freier Wahl gewählt. Das Nähere regelt die Satzung nach den Grundsätzen des Kommunalwahlrechts. Für die Bestimmung der Mitglieder des Gemeinderates sind die Vorschriften über die Besetzung der Ausschüsse entsprechend anzuwenden. Für die Rechtsstellung der Mitglieder gelten § 30 Abs. 1, § 33 und § 51 Abs. 1 Satz 2 sowie Abs. 3 entsprechend.

(3) Der Integrationsbeirat wählt eine Sprecherin oder einen Sprecher und eine oder einen oder mehrere Stellvertreterinnen oder Stellvertreter.

(4) Der Integrationsbeirat kann sich mit allen Selbstverwaltungsangelegenheiten befassen, welche die Belange der Einwohnerinnen und Einwohner im Sinne des Absatzes 1 berühren. Auf Antrag des Integrationsbeirats hat die Bürgermeisterin oder der Bürgermeister dem Gemeinderat solche Selbstverwaltungsangelegenheiten zur Beratung und Entscheidung vorzulegen. Die Sprecherin oder der Sprecher des Integrationsbeirats

ist berechtigt, bei der Beratung solcher Angelegenheiten an Sitzungen des Gemeinderats oder seiner Ausschüsse teilzunehmen; auf Verlangen ist ihr oder ihm das Wort zu erteilen. Der Integrationsbeirat soll zu Fragen, die ihm vom Gemeinderat, einem Ausschuss oder von der Bürgermeisterin oder dem Bürgermeister vorgelegt werden, Stellung nehmen.

§ 50a Interessenvertretung für ältere Menschen und für Menschen mit Behinderungen

(1) Gemeinden sollen zur Wahrung der Interessen älterer Menschen Beiräte einrichten. Anstelle eines Beirates kann auf Beschluss des Gemeinderates auch eine Beauftragte oder ein Beauftragter gewählt werden. Das Nähere ist von den Gemeinden durch Satzung zu bestimmen, wobei insbesondere Regelungen über die Zusammensetzung, Wahl, Amtszeit, Rechtsstellung, Arbeitsweise und Entschädigung zu treffen sind.

(2) Die Wahrung der Interessen behinderter Menschen erfolgt nach Maßgabe des § 22 des Gesetzes zur Gleichstellung von Menschen mit Behinderungen im Saarland (Saarländisches Behindertengleichstellungsgesetz - SBGG) vom 26. November 2003 (Amtsbl. S. 2987), geändert durch das Gesetz vom 15. Februar 2006 (Amtsbl. S. 474, 530), in der jeweils geltenden Fassung.

§ 51 Entschädigung der Gemeinderatsmitglieder

(1) Gemeinderatsmitglieder erhalten zur Abgeltung der mit ihrer Tätigkeit verbundenen baren Auslagen einen monatlichen Grundbetrag in angemessener Höhe. Daneben werden ihnen für die Teilnahme an Sitzungen des Gemeinderats und seiner Ausschüsse Sitzungsgelder gewährt. Die Gemeinden können die Entschädigungen nach den Sätzen 1 und 2 auch durch einen einheitlichen Pauschbetrag gewähren.

(2) Über die Entschädigung nach Absatz 1 entscheidet der Gemeinderat mit der Mehrheit der gesetzlichen Zahl der Mitglieder.

(3) Den durch die Teilnahme an Sitzungen des Gemeinderats und seiner Ausschüsse entstandenen Verdienstausfall hat die Gemeinde in der nachgewiesenen Höhe zu ersetzen. Gemeinderatsmitglieder, die keinen Verdienstausfall nachweisen können, weil sie mit der Führung ihres Haushalts betraut sind, erhalten einen durch den Gemeinderat festzusetzenden Stundensatz. Ein durch die Sitzungsteilnahme entstehender Arbeitsausfall gilt nicht als schuldhaftes Arbeitsversäumnis im Sinne des geltenden Beamten-, Arbeits- oder Tarifrechts.

§ 52 Vorzeitige Beendigung der Amtszeit bei Gebietsänderungen

(1) Ändert sich bei einer Gebietsänderung die Zahl der Einwohnerinnen und Einwohner, so endet die Amtszeit des Gemeinderats mit dem In-Kraft-Treten der Gebietsänderung; es findet innerhalb von drei Monaten eine Neuwahl statt. Satz 1 findet keine Anwendung, wenn die Zahl der aufgenommenen Einwohnerinnen und Einwohner im Verhältnis zu der Zahl der Einwohnerinnen und Einwohner der aufnehmenden Gemeinde oder die Zahl der abgegebenen Einwohnerinnen und Einwohner im Verhältnis zu der Zahl der Einwohnerinnen und Einwohner der abgebenden Gemeinde unbedeutend ist und die Struktur der Gemeinde nur unwesentlich verändert wird; die Entscheidung trifft das Ministerium für Inneres und Sport. In einer neu gebildeten Gemeinde ist stets eine Neuwahl durchzuführen. Das Nähere bestimmt das Kommunalwahlgesetz.

(2) Die Amtszeit des nach Absatz 1 gewählten Gemeinderats endet mit dem Ablauf der allgemeinen Amtszeit. Findet eine Neuwahl innerhalb von sechs Monaten vor Ablauf der allgemeinen Amtszeit

statt, so endet die Amtszeit erst mit dem Ende der nächsten allgemeinen Amtszeit.

§ 53 Auflösung des Gemeinderats

(1) Das Ministerium für Inneres und Sport hat einen Gemeinderat aufzulösen, wenn die Zahl der Mitglieder des Gemeinderats auf weniger als die Hälfte der gesetzlichen Zahl der Mitglieder gesunken ist und Ersatzleute nicht zur Verfügung stehen.

(2) Die Landesregierung kann auf Antrag des Ministeriums für Inneres und Sport einen Gemeinderat auflösen, wenn eine ordnungsgemäße Erledigung der Gemeindeaufgaben in anderer Weise auf Dauer nicht gesichert ist.

(3) Die Entscheidung über die Auflösung des Gemeinderats ist durch das Ministerium für Inneres und Sport öffentlich bekannt zu machen.

(4) Nach unanfechtbar gewordener Auflösung des Gemeinderats findet eine Neuwahl innerhalb von drei Monaten statt. Das Nähere bestimmt das Kommunalwahlgesetz. § 52 Abs. 2 gilt entsprechend.

III. Abschnitt

Bürgermeisterin, Bürgermeister und Beigeordnete

§ 54 Eignung

(1) Wählbar zur Bürgermeisterin oder zum Bürgermeister ist jede oder jeder Deutsche im Sinne des Artikels 116 des Grundgesetzes und jede Unionsbürgerin oder jeder Unionsbürger, die oder der am Tag der Wahl das 25. Lebensjahr vollendet hat, die Wählbarkeit zum Deutschen Bundestag oder zum Europäischen Parlament besitzt und die Gewähr

dafür bietet, dass sie oder er jederzeit für die freiheitliche demokratische Grundordnung im Sinne des Grundgesetzes eintritt. Zur Bürgermeisterin oder zum Bürgermeister kann nicht gewählt werden, wer am Tag des Beginns der Amtszeit das 65. Lebensjahr vollendet hat.

(2) Die hauptamtlichen Beigeordneten müssen für ihr Amt geeignet sein. Sie müssen mindestens die Befähigung für den gehobenen Dienst in der allgemeinen Verwaltung besitzen oder über entsprechende Erfahrungen verfügen, die sie durch verantwortliche Tätigkeiten in Verwaltung oder Wirtschaft erworben haben. Absatz 1 findet entsprechende Anwendung.

(3) In Gemeinden mit mehr als 20.000 Einwohnerinnen und Einwohnern muss die Bürgermeisterin oder der Bürgermeister oder eine hauptamtliche Beigeordnete oder ein hauptamtlicher Beigeordneter oder eine andere leitende Beamtin oder ein anderer leitender Beamter der Gemeinde die Befähigung zum höheren Verwaltungsdienst oder zum Richteramt besitzen; in besonders begründeten Ausnahmefällen kann die oberste Kommunalaufsichtsbehörde Ausnahmen zulassen.

§ 55 Ausschreibung

Die Stelle der Bürgermeisterin oder des Bürgermeisters ist spätestens drei Monate vor der Wahl öffentlich auszuschreiben.

§ 56 Wahl der Bürgermeisterin oder des Bürgermeisters

(1) Die Bürgermeisterin oder der Bürgermeister wird von den Bürgerinnen und Bürgern in allgemeiner, unmittelbarer, freier, gleicher und geheimer Wahl gleichzeitig mit dem Gemeinderat gewählt. Für die Wahl gelten die Vorschriften des Kommunalwahlgesetzes.

(2) Findet eine Wahl nach Absatz 1 nicht statt, wird die Bürgermeisterin oder der Bürgermeister vom Gemeinderat nach den Bestimmungen des § 46 gewählt.

(3) Scheidet die Bürgermeisterin oder der Bürgermeister während der Amtszeit des Gemeinderates aus dem Amt aus und erfolgt die Wahl nicht gleichzeitig mit der Gemeinderatswahl, so wird die Nachfolgerin oder der Nachfolger für die Zeit bis zum 30. September des Jahres, in dem die nächste Amtszeit des Gemeinderates endet, gewählt. Die Absätze 1 und 2 gelten entsprechend.

(4) Wird die Wiederwahl der Bürgermeisterin oder des Bürgermeisters später als drei Monate vor Ablauf der Amtszeit durchgeführt, entfällt die Verpflichtung zur Weiterführung des Amtes nach § 119 Abs. 3 des Saarländischen Beamtengesetzes vom 11. März 2009 (Amtsbl. S. 514), zuletzt geändert durch das Gesetz vom 16. Oktober 2012 (Amtsbl. I S. 437), in der jeweils geltenden Fassung.

(5) Für die öffentliche Bekanntmachung des Wahlergebnisses findet § 78 Abs. 1 Satz 2 des Kommunalwahlgesetzes entsprechende Anwendung.

§ 57 Wahlanfechtung

(1) Wird die Wahl der Bürgermeisterin oder des Bürgermeisters vom Gemeinderat vorgenommen, kann die Wahl von jedem Mitglied des Gemeinderats innerhalb von zwei Wochen nach der Wahl bei der Kommunalaufsichtsbehörde angefochten werden.

(2) Gegen die Entscheidung der Kommunalaufsichtsbehörde kann innerhalb eines Monats Klage im verwaltungsgerichtlichen Verfahren erhoben werden. Ein Vorverfahren findet nicht statt.

(3) Wird die Wahl für ungültig erklärt, so ist sie unverzüglich zu wiederholen.

§ 58 Abwahl der Bürgermeisterin oder des Bürgermeisters

(1) Die Bürgermeisterin oder der Bürgermeister kann von den Bürgerinnen und Bürgern vor Ablauf ihrer oder seiner Amtszeit abgewählt werden. Zur Einleitung des Abwahlverfahrens bedarf es eines von mindestens der Hälfte der gesetzlichen Zahl der Mitglieder des Gemeinderats gestellten Antrags und eines mit der Mehrheit von zwei Dritteln der gesetzlichen Zahl der Mitglieder des Gemeinderats zu fassenden Beschlusses.

(2) Über den Antrag auf Einleitung des Abwahlverfahrens ist namentlich abzustimmen. Zwischen der Antragstellung und der Beschlussfassung müssen mindestens zwei Wochen liegen.

(3) Die Bürgermeisterin oder der Bürgermeister ist abgewählt, wenn die Mehrheit der gültigen Stimmen auf Abwahl lautet, sofern diese Mehrheit mindestens 30 vom Hundert der Abwahlberechtigten beträgt. Das Nähere bestimmt das Kommunalwahlgesetz.

(4) Die Bürgermeisterin oder der Bürgermeister scheidet mit Ablauf des Tages, an dem der Wahlausschuss die Abwahl feststellt, aus ihrem oder seinem Amt aus.

§ 59 Aufgaben der Bürgermeisterin oder des Bürgermeisters

(1) Die Bürgermeisterin oder der Bürgermeister ist die gesetzliche Vertreterin oder der gesetzliche Vertreter der Gemeinde.

(2) Die Bürgermeisterin oder der Bürgermeister leitet die Gemeindeverwaltung. Sie oder er bereitet die Beschlüsse des Gemeinderats vor und führt sie aus.

(3) Die Bürgermeisterin oder der Bürgermeister erledigt die Geschäfte der laufenden Verwaltung und die ihr oder ihm übertragenen Selbstverwaltungsangelegenheiten der Gemeinde. Sie oder er ist allein zuständig, soweit gesetzlich eine Anhörung der Gemeinde vorgeschrieben und die Angelegenheit im Interesse der Sicherheit oder anderer wichtiger Belange der Bundesrepublik oder eines ihrer Länder geheim zu halten ist.

(4) Die Bürgermeisterin oder der Bürgermeister erledigt die der Gemeinde übertragenen Auftragsangelegenheiten, soweit durch Gesetz nichts anderes bestimmt ist.

(5) Die Bürgermeisterin oder der Bürgermeister ist Dienstvorgesetzte oder Dienstvorgesetzter und oberste Dienstbehörde der Gemeindebediensteten und der Ehrenbeamtinnen und Ehrenbeamten. Ihr oder ihm obliegt die Ernennung und Entlassung der Beamtinnen und Beamten sowie die Einstellung, Einstufung und Entlassung der Arbeitnehmerinnen und Arbeitnehmer nach den Beschlüssen des Gemeinderats.

(6) Die Befugnisse der oder des Dienstvorgesetzten und der obersten Dienstbehörde nimmt gegenüber der Bürgermeisterin oder dem Bürgermeister in den Fällen des § 8 Abs. 1 , § 58 Abs. 1 und § 59 Abs. 2 des Saarländischen Beamtengesetzes und des § 83 Abs. 2 des Saarländischen Disziplinargesetzes die Kommunalaufsichtsbehörde, im Fall des § 85 des Saarländischen Beamtengesetzes der Gemeinderat, im Übrigen die oder der zur Vertretung der Bürgermeisterin oder des Bürgermeisters berufene Beigeordnete wahr.

§ 60 Widerspruchs- und Vorlagepflicht bei rechtswidrigen Beschlüssen

(1) Die Bürgermeisterin oder der Bürgermeister ist verpflichtet, rechtswidrigen Beschlüssen unverzüglich zu widersprechen. Hält der

Gemeinderat seinen Beschluss aufrecht, so hat die Bürgermeisterin oder der Bürgermeister die Entscheidung der Kommunalaufsichtsbehörde einzuholen.

(2) Beschlüsse, über deren Rechtmäßigkeit die Bürgermeisterin oder der Bürgermeister im Zweifel sein muss, hat sie oder er der Kommunalaufsichtsbehörde vorzulegen; über die Vorlage hat sie oder er die Mitglieder des Gemeinderats unverzüglich zu unterrichten.

(3) Widerspruch und Vorlage haben aufschiebende Wirkung.

§ 61 Anordnungsbefugnis der Bürgermeisterin oder des Bürgermeisters in dringenden Angelegenheiten

(1) Die Bürgermeisterin oder der Bürgermeister ist berechtigt, dringende Maßnahmen, die aus Gründen des Gemeinwohls keinen Aufschub dulden, auch ohne Beschluss des Gemeinderats anzuordnen. In diesen Fällen hat sie oder er unverzüglich den Gemeinderat zu unterrichten. Der Gemeinderat kann die Anordnung aufheben, soweit nicht schon Rechte anderer durch die Ausführung der Anordnung entstanden sind.

(2) Absatz 1 findet auf Angelegenheiten, über die ein Ausschuss oder der Ortsrat beschließt, entsprechende Anwendung.

§ 62 Verpflichtungserklärungen

(1) Erklärungen, durch die die Gemeinde verpflichtet werden soll, sowie Erklärungen, durch die die Gemeinde auf Rechte verzichtet, bedürfen der Schriftform. Sie sind nur rechtsverbindlich, wenn sie von der Bürgermeisterin oder vom Bürgermeister oder von ihrer allgemeinen Vertreterin oder ihrem allgemeinen Vertreter oder von seiner allgemeinen Vertreterin oder seinem allgemeinen Vertreter

unter Beifügung der Amtsbezeichnung und des Dienstsiegels handschriftlich unterzeichnet sind.

(2) Wird für ein Geschäft oder einen Kreis von Geschäften eine Bevollmächtigte oder ein Bevollmächtigter bestellt, so bedarf die Vollmacht der Form des Absatzes 1. Die im Rahmen dieser Vollmacht abgegebenen Erklärungen bedürfen der Schriftform.

(3) Die Absätze 1 und 2 gelten nicht für Erklärungen in den Geschäften der laufenden Verwaltung.

§ 63 Vertretung der Bürgermeisterin oder des Bürgermeisters

(1) Die Bürgermeisterin oder der Bürgermeister wird im Fall ihrer oder seiner Verhinderung durch Beigeordnete in der vom Gemeinderat festgesetzten Reihenfolge vertreten. Die erste Stellvertreterin oder der erste Stellvertreter der Bürgermeisterin oder des Bürgermeisters führt die Amtsbezeichnung Erste Beigeordnete oder Erster Beigeordneter, in Städten mit mehr als 30.000 Einwohnerinnen und Einwohnern die Amtsbezeichnung Bürgermeisterin oder Bürgermeister.

(2) Im Fall gleichzeitiger Verhinderung der Bürgermeisterin oder des Bürgermeisters und der Beigeordneten wählt der Gemeinderat für die Dauer der Verhinderung eine besondere Vertreterin oder einen besonderen Vertreter aus seiner Mitte; hierbei führt das an Lebensjahren älteste hierzu bereite Mitglied des Gemeinderats den Vorsitz.

(3) Die Bürgermeisterin oder der Bürgermeister kann mit Zustimmung des Gemeinderats ehrenamtlichen Beigeordneten bestimmte Geschäftszweige zur Erledigung übertragen. Über die Übertragung bestimmter Geschäftszweige an hauptamtliche

Beigeordnete und die Änderung entscheidet der Gemeinderat auf Vorschlag der Bürgermeisterin oder des Bürgermeisters.

§ 64 Zahl der Beigeordneten

Die Gemeinden haben eine oder einen oder zwei Beigeordnete. Durch Beschluss des Gemeinderats kann die Zahl der Beigeordneten in Gemeinden

mit mehr als 10.000 bis zu 20.000 Einwohnerinnen und Einwohnern auf drei,

mit mehr als 20.000 bis zu 40.000 Einwohnerinnen und Einwohnern auf vier,

mit mehr als 40.000 bis zu 100.000 Einwohnerinnen und Einwohnern auf fünf,

und in Gemeinden mit mehr als 100.000 Einwohnerinnen und Einwohnern bis auf sieben erhöht werden.

§ 65 Wahl und Abwahl der ehrenamtlichen Beigeordneten

(1) Die ehrenamtlichen Beigeordneten werden aus der Mitte des Gemeinderats gewählt. Bei der Wahl ist die Reihenfolge der Beigeordneten festzusetzen. Die Wahl soll in der ersten Sitzung des neu gewählten Gemeinderats vorgenommen werden.

(2) Ehrenamtliche Beigeordnete können nicht sein

1. Bedienstete der Gemeinde

2. Beamtinnen und Beamte, Arbeitnehmerinnen und Arbeitnehmer von Zweckverbänden, denen die Gemeinde angehört, oder von

Körperschaften, Anstalten und Stiftungen des öffentlichen Rechts, an denen die Gemeinde beteiligt ist, oder von Gesellschaften und Vereinigungen, an denen die Gemeinde mit mehr als 50 vom Hundert beteiligt ist.

(3) Der Gemeinderat kann ehrenamtliche Beigeordnete abwählen. § 68a gilt entsprechend.

(4) Auf die Wahl der ehrenamtlichen Beigeordneten sind die Vorschriften der §§ 46, 56 Abs. 5 und § 57 entsprechend anzuwenden.

§ 66 Vorzeitige Beendigung der Amtszeit und Weiterführung der Amtsgeschäfte nach Ablauf der Amtszeit

(1) Die ehrenamtlichen Beigeordneten können ihr Amt jederzeit durch schriftliche Erklärung gegenüber der Bürgermeisterin oder dem Bürgermeister niederlegen; die Erklärung ist unwiderruflich.

(2) Beschließt der Gemeinderat im Lauf seiner Amtszeit, an Stelle einer oder eines bestimmten ehrenamtlichen Beigeordneten eine hauptamtliche Beigeordnete oder einen hauptamtlichen Beigeordneten zu berufen, so erlischt das Amt dieser oder dieses ehrenamtlichen Beigeordneten mit der Ernennung der oder des hauptamtlichen Beigeordneten.

(3) Die bisherigen ehrenamtlichen Beigeordneten führen die Amtsgeschäfte nach Ablauf der Amtszeit des Gemeinderats bis zur Ernennung der neuen ehrenamtlichen Beigeordneten weiter. Die Weiterführung der Amtsgeschäfte endet auch, wenn eine geringere Anzahl von Beigeordneten ernannt wird.

§ 67 Aufwandsentschädigung

(1) Ehrenamtliche Beigeordnete können eine angemessene Aufwandsentschädigung erhalten. § 51 Abs. 1 bleibt unberührt. Das Ministerium für Inneres und Sport wird ermächtigt, durch Rechtsverordnung[6] die Voraussetzungen sowie Höchstgrenzen der Aufwandsentschädigung festzulegen.

(2) Die Gemeinde hat den durch die Tätigkeit als ehrenamtliche Beigeordnete oder ehrenamtlicher Beigeordneter entstandenen unvermeidlichen Verdienstausfall in der nachgewiesenen Höhe zu ersetzen. § 51 Abs. 3 Satz 2 gilt entsprechend.

Fußnote:

[6] Vgl. BS- Nr. 2032- 6.

§ 68 Hauptamtliche Beigeordnete

(1) Gemeinden mit mehr als 20.000 Einwohnerinnen und Einwohnern können hauptamtliche Beigeordnete berufen. Die Gesamtzahl der hauptamtlichen und ehrenamtlichen Beigeordneten darf die nach § 64 zulässige Höchstzahl nicht übersteigen.

(2) Die Stelle der hauptamtlichen Beigeordneten ist öffentlich auszuschreiben. Die Besoldung der hauptamtlichen Beigeordneten wird vor der Ausschreibung durch den Gemeinderat im Rahmen der geltenden Vorschriften festgesetzt.

(3) Die hauptamtlichen Beigeordneten werden vom Gemeinderat gewählt. Auf die Wahl finden die Vorschriften des § 46 Anwendung.

(4) Hauptamtliche Beigeordnete haben kein Stimmrecht im Gemeinderat.

(5) Auf die hauptamtlichen Beigeordneten finden die Vorschriften der § 17 Abs. 2 und § 72 Abs. 3 des Kommunalwahlgesetzes sowie § 56 Abs. 4 und 5 und § 57 entsprechende Anwendung.

(6) Soweit sich für die hauptamtlichen Beigeordneten aus Absatz 1 bis 5 sowie aus anderen gesetzlichen Vorschriften nichts anderes ergibt, sind die Vorschriften über die ehrenamtlichen Beigeordneten mit Ausnahme der §§ 66 Abs. 1 und 3 und 67 entsprechend anzuwenden.

§ 68a Abwahl der hauptamtlichen Beigeordneten

(1) Die hauptamtlichen Beigeordneten können vom Gemeinderat vor Ablauf ihrer Amtszeit abgewählt werden. Ein Antrag auf Abwahl kann nur schriftlich von mindestens der Hälfte der gesetzlichen Zahl der Mitglieder des Gemeinderats gestellt werden. Die Beschlussfassung über die Abwahl erfolgt in einer besonderen Sitzung des Gemeinderats.

(2) Über den Antrag muss namentlich abgestimmt werden. Der Beschluss bedarf der Zustimmung von zwei Dritteln der gesetzlichen Zahl der Mitglieder des Gemeinderats. Über die Abwahl ist zweimal zu beraten und abzustimmen. Die zweite Beratung und Abstimmung darf frühestens einen Monat, jedoch nicht später als zwei Monate nach der ersten erfolgen; Absatz 1 Satz 2 findet hierbei keine Anwendung. Die oder der hauptamtliche Beigeordnete scheidet an dem Tag, an dem die Abwahl zum zweiten Mal beschlossen wird, aus ihrem oder seinem Amt aus. Die Mitteilung über die Abwahl ist ihr oder ihm unverzüglich zuzustellen.

§ 69 (aufgehoben)

IV. Abschnitt

Förderung der Selbstverwaltung in Gemeindebezirken und Stadtbezirken

§ 70 Gemeindebezirke

(1) Das Gebiet einer Gemeinde kann durch Satzung in Gemeindebezirke (Stadtteile, Ortsteile) eingeteilt werden. Bei der Einteilung in Gemeindebezirke sollen im Rahmen der Gemeindeentwicklung die Besonderheiten der engeren örtlichen Gemeinschaft, insbesondere die geschichtlichen und kulturellen Zusammenhänge und Namen sowie die Siedlungsstruktur berücksichtigt werden. Ein Gemeindebezirk muss mehr als 200 Einwohnerinnen und Einwohner haben. Für die Ermittlung der Einwohnerzahl gilt § 71 Abs. 2 Satz 2.

(2) Bestehende Gemeindebezirke dürfen nur zum Ende der Amtszeit des Gemeinderats, spätestens ein Jahr vor ihrem Ablauf aufgehoben oder geändert werden; der Beschluss bedarf der Mehrheit von zwei Dritteln der gesetzlichen Zahl der Mitglieder des Gemeinderats.

§ 71 Ortsrat

(1) Für jeden Gemeindebezirk ist ein Ortsrat zu bilden. Der Ortsrat besteht aus den von den im Gemeindebezirk wohnhaften Bürgerinnen und Bürgern in allgemeiner, gleicher, geheimer, unmittelbarer und freier Wahl gewählten Mitgliedern.

(2) Die Zahl der Mitglieder der Ortsräte beträgt in Gemeindebezirken

bis zu 5.000 Einwohnerinnen und Einwohnern mindestens 7 und

	höchstens 11,
mit mehr als 5.000 bis zu 10.000 Einwohnerinnen und Einwohnern	mindestens 9 und höchstens 13,
mit mehr als 10.000 bis zu 25.000 Einwohnerinnen und Einwohnern	mindestens 11 und höchstens 15,
mit mehr als 25.000 Einwohnerinnen und Einwohnern	mindestens 15 und höchstens 21.

Die Einwohnerzahl der Gemeindebezirke ist von der Gemeinde nach den melderechtlichen Vorschriften zu ermitteln; maßgebend ist die Einwohnerzahl am Tag der letzten vorausgegangenen allgemeinen Kommunalwahlen. Die Zahl der Ortsratsmitglieder ist in der Satzung nach § 70 Abs. 1 zu bestimmen, für ihre Änderung gilt § 70 Abs. 2 entsprechend.

(3) Das Nähere über die Wahl und die Ergänzung des Ortsrats bestimmt das Kommunalwahlgesetz.

§ 72 Amtszeit, Rechtsstellung

(1) Die Amtszeit des Ortsrats beträgt fünf Jahre; sie beginnt am fünfzehnten Tag, der auf den Wahltag folgt, jedoch nicht vor Ablauf der Amtszeit des bisherigen Ortsrats. Endet die Amtszeit des bisherigen Ortsrats vor dem fünfzehnten auf den Tag der Wahl des neuen Ortsrats folgenden Tag, so verlängert sich die Amtszeit bis zum Beginn der Amtszeit des neu gewählten Ortsrats, längstens jedoch um einen Monat. Die Amtszeit der Mitglieder des Ortsrats endet vorzeitig mit der

Niederlegung des Amtes oder mit dem Verlust der Wählbarkeit in den Ortsrat.

(2) Die Mitglieder des Ortsrats können ihr Amt jederzeit niederlegen. Der Rücktritt ist gegenüber der Bürgermeisterin oder dem Bürgermeister schriftlich zu erklären; er ist unwiderruflich.

(3) Die Feststellung über den Verlust der Wählbarkeit und das Ausscheiden aus dem Ortsrat trifft der Ortsrat.

(4) Die Mitglieder des Ortsrats sind ehrenamtlich tätig. Sie handeln nach ihrer freien, nur durch die Rücksicht auf das Gemeinwohl bestimmten Gewissensüberzeugung. Sie sind an Aufträge und Weisungen nicht gebunden. Die Vorschriften der Gemeindeordnung über die Ausübung einer ehrenamtlichen Tätigkeit mit Ausnahme der §§ 24 und 25 sind entsprechend anzuwenden.

§ 73 Aufgaben des Ortsrats

(1) Der Ortsrat kann zu allen den Gemeindebezirk betreffenden Angelegenheiten Anträge einreichen und Vorschläge unterbreiten. Soweit die Bürgermeisterin oder der Bürgermeister nicht selbst zuständig ist, hat sie oder er die Anträge und die Vorschläge des Ortsrats dem Gemeinderat oder dem zuständigen Ausschuss zur Entscheidung oder Beratung vorzulegen. Über die Entscheidung oder das Ergebnis der Beratung des Gemeinderats oder des Ausschusses ist der Ortsrat zu unterrichten.

(2) Der Ortsrat ist in allen wichtigen Angelegenheiten, die den Gemeindebezirk betreffen, ausgenommen in den Fällen des § 41 Abs. 3 Satz 4 und Abs. 5, vor der Beschlussfassung des Gemeinderats oder seiner Ausschüsse zu hören. Dies gilt insbesondere in folgenden Angelegenheiten:

1. Planung von Investitionsvorhaben im Gemeindebezirk,

2. Aufstellung, Änderung, Ergänzung und Aufhebung des Flächennutzungsplans sowie von Satzungen nach dem Baugesetzbuch, soweit sie sich auf den Gemeindebezirk beziehen,

3. Aufstellung des Haushaltsplans, soweit es sich um Ansätze für den Gemeindebezirk handelt,

4. Planung, Errichtung, Übernahme, wesentliche Änderungen und Aufhebungen von öffentlichen Einrichtungen im Gemeindebezirk,

5. Ausbau und Umbau von Straßen, Wegen und Plätzen im Gemeindebezirk,

6. Veräußerung, Vermietung und Verpachtung von Grundvermögen der Gemeinde im Gemeindebezirk,

7. Änderung der Grenzen des Gemeindebezirks,

8. Wahl, Benennung oder Vorschlag der für den Gemeindebezirk zuständigen ehrenamtlich tätigen Personen, soweit nicht der Ortsrat nach Absatz 3 Satz 3 Nr. 10 selbst entscheidet.

Darüber hinaus soll der Ortsrat zu denjenigen Fragen Stellung nehmen, die ihm vom Gemeinderat, einem Ausschuss oder von der Bürgermeisterin oder vom Bürgermeister vorgelegt werden.

(3) Soweit nicht nach den Vorschriften dieses Gesetzes der Gemeinderat ausschließlich zuständig ist und soweit es sich nicht um Aufgaben handelt, die der Bürgermeisterin oder dem Bürgermeister obliegen, entscheidet der Ortsrat in den nachstehend genannten Angelegenheiten. Stellt der Gemeinderat für deren Erledigung Mittel zur Verfügung, so sind diese gemeindebezirksbezogen im

Haushaltsplan auszuweisen und vom Ortsrat abschließend zu entscheiden. Diese Angelegenheiten sind:

1. Unterhaltung, Ausstattung und Benutzung der im Gemeindebezirk gelegenen öffentlichen Einrichtungen, wie Büchereien, Kindergärten, Kinderspielplätze, Jugendbegegnungsstätten, Sportanlagen, Dorfgemeinschaftshäuser, Friedhöfe und ähnliche soziale und kulturelle Einrichtungen, deren Bedeutung über den Gemeindebezirk nicht hinausgeht, mit Ausnahme von Schulen,

2. Festlegung der Reihenfolge der Arbeiten zum Um- und Ausbau sowie zur Unterhaltung und Instandsetzung von Straßen, Wegen und Plätzen, deren Bedeutung über den Gemeindebezirk nicht hinausgeht, einschließlich der Beleuchtungseinrichtungen,

3. Pflege des Ortsbildes sowie Unterhaltung und Ausgestaltung der örtlichen Park- und Grünanlagen, deren Bedeutung nicht wesentlich über den Gemeindebezirk hinausgeht,

4. Förderung von Vereinen, Verbänden und sonstigen Vereinigungen im Gemeindebezirk,

5. Förderung und Durchführung von Veranstaltungen der Heimatpflege und des Brauchtums im Gemeindebezirk,

6. Pflege vorhandener Patenschaften und Partnerschaften,

7. Durchführung von Gemeinschaftsveranstaltungen auf Gemeindebezirksebene,

8. Teilnahme an Dorfverschönerungswettbewerben,

9. Benennung von Straßen, Wegen und Plätzen im Gemeindebezirk mit der Maßgabe, dass Doppelbenennungen innerhalb der Gemeinde unzulässig sind,

10. Wahl, Benennung oder Vorschlag von ehrenamtlich tätigen Personen, soweit sich deren Ehrenamt auf den Gemeindebezirk beschränkt und der Gemeinde diese Rechte zustehen.

Der Gemeinderat kann die Angelegenheiten im Einzelnen abgrenzen und für die Erledigung allgemeine Richtlinien erlassen. Umfang und Inhalt der Entscheidungsbefugnisse können im Einzelfall abweichend geregelt werden; der Beschluss bedarf der Mehrheit von zwei Dritteln der gesetzlichen Zahl der Mitglieder des Gemeinderats.

(4) Der Gemeinderat kann dem Ortsrat allgemein durch Satzung oder im Einzelfall weitere bestimmte Angelegenheiten, die sich ohne Beeinträchtigung der einheitlichen Entwicklung der gesamten Gemeinde innerhalb eines Gemeindebezirks erledigen lassen, zur Entscheidung übertragen. Ausgenommen sind die dem Gemeinderat durch Rechtsvorschrift vorbehaltenen Aufgaben.

(5) Der Gemeinderat hat unter Beachtung der Belange der gesamten Gemeinde und einer geordneten Haushaltswirtschaft die zur Erfüllung der Aufgaben der Ortsräte und der Ortsvorsteherinnen oder Ortsvorsteher erforderlichen Mittel zur Verfügung zu stellen.

(6) Unterlässt es der Ortsrat, die im Rahmen der ihm nach den Absätzen 3 und 4 übertragenen Entscheidungsbefugnisse notwendigen Beschlüsse zu fassen, so kann die Bürgermeisterin oder der Bürgermeister anordnen, dass der Ortsrat innerhalb einer bestimmten Frist das Erforderliche veranlasst. Kommt der Ortsrat der Anordnung innerhalb der gesetzten Frist nicht nach, so entscheidet der Gemeinderat an Stelle des Ortsrats.

§ 74 Anzuwendende Vorschriften

Für den Ortsrat gelten sinngemäß die Vorschriften der Gemeindeordnung über

1. Einwohnerfragestunde (§ 20a),
2. Fraktionen (§ 30 Abs. 5),
3. Pflichten (§ 33 Abs. 1 und 2),
4. Sitzungszwang (§ 38),
5. Geschäftsordnung (§ 39),
6. Öffentlichkeit (§ 40) mit der Maßgabe, dass auch Angelegenheiten, die der Gemeinderat, ein Ausschuss, die Bürgermeisterin oder der Bürgermeister gegenüber dem Ortsrat als vertraulich bezeichnen, unter Ausschluss der Öffentlichkeit zu behandeln sind,
7. Einberufung und Tagesordnung (§ 41) mit der Maßgabe, dass
   a) die Bürgermeisterin oder der Bürgermeister die Einberufung des Ortsrats verlangen kann und sie oder er sowie die Mitglieder des Gemeinderats jederzeit an den Sitzungen teilnehmen können,
   b) der Bürgermeisterin oder dem Bürgermeister auf Verlangen das Wort zu erteilen ist,
   c) die Einberufungsfrist bei nicht öffentlichen Sitzungen mindestens einen Tag beträgt,
   d) es bei nichtöffentlichen Sitzungen einer öffentlichen Bekanntmachung nicht bedarf,
8. Aufgaben der oder des Vorsitzenden (§ 43),
9. Beschlussfähigkeit (§ 44) mit der Maßgabe, dass

a) mehr als die Hälfte der in der Satzung nach § 70 Abs. 1 festgelegten Mitgliederzahl und

b) im Fall des § 44 Abs. 2 Satz 1 mindestens drei stimmberechtigte Mitglieder anwesend sind,

10. Beschlussfassung (§ 45),

11. Wahlen (§ 46),

12. Niederschrift (§ 47) mit der Maßgabe, dass die Niederschrift von der oder dem Vorsitzenden und der Schriftführerin oder dem Schriftführer zu unterzeichnen ist,

13. Hinzuziehung von Personen zu den Sitzungen (§ 49 Abs. 3 und 4),

14. Entschädigung der Gemeinderatsmitglieder (§ 51) mit der Maßgabe, dass der Gemeinderat den Grundbetrag und das Sitzungsgeld oder den Pauschbetrag festsetzt,

15. vorzeitige Beendigung der Amtszeit bei Gebietsänderung (§ 52),

16. Auflösung des Gemeinderats (§ 53) mit der Maßgabe, dass die Kommunalaufsichtsbehörde über die Auflösung des Ortsrats entscheidet,

17. Widerspruchs- und Vorlagepflicht bei rechtswidrigen Beschlüssen (§ 60) mit der Maßgabe, dass nur die Bürgermeisterin oder der Bürgermeister zum Widerspruch und zur Vorlage berechtigt und verpflichtet ist.

§ 75 Ortsvorsteherin, Ortsvorsteher

(1) In seiner ersten von der Bürgermeisterin oder vom Bürgermeister einzuberufenden Sitzung wählt der Ortsrat aus seiner Mitte für die Dauer der Amtszeit des Ortsrats eine Vorsitzende oder

einen Vorsitzenden und deren oder dessen Stellvertreterin oder Stellvertreter. Die Vorschriften des § 42 Abs. 2, § 65 Abs. 3 und 4 sowie der §§ 66 und 67 finden entsprechende Anwendung.

(2) Die oder der Vorsitzende führt die Bezeichnung Ortsvorsteherin oder Ortsvorsteher. Sie oder er ist Ehrenbeamtin oder Ehrenbeamter; auf ihre oder seine Rechtsstellung finden § 30 Abs. 3 und 4 und § 31 Abs. 3 entsprechende Anwendung.

(3) Die Ortsvorsteherin oder der Ortsvorsteher nimmt unter Berücksichtigung der Stellungnahme des Ortsrats die Belange ihres oder seines Gemeindebezirks gegenüber der Gemeinde wahr. Sie oder er ist berechtigt, an Sitzungen des Gemeinderats oder seiner Ausschüsse teilzunehmen. In Angelegenheiten, die ihren oder seinen Gemeindebezirk betreffen, ist ihr oder ihm auf Verlangen das Wort und Auskunft zu erteilen.

(4) Der Ortsvorsteherin oder dem Ortsvorsteher obliegt die repräsentative Vertretung des Gemeindebezirks. Sie oder er ist befugt, Anträge entgegenzunehmen sowie amtliche Beglaubigungen und Lebensbescheinigungen auszustellen. Der Gemeinderat kann ihr oder ihm zusätzliche Aufgaben durch Satzung übertragen. Darüber hinaus kann sie oder er im Auftrag der Bürgermeisterin oder des Bürgermeisters weitere Verwaltungsangelegenheiten wahrnehmen.

(5) Die Bürgermeisterin oder der Bürgermeister hat mit den Ortsvorsteherinnen und Ortsvorstehern in regelmäßigen Besprechungen wichtige Angelegenheiten der Gemeinde und der Gemeindebezirke zu erörtern.

§ 76 Außenstelle der Gemeindeverwaltung

(1) Für einen oder mehrere Gemeindebezirke kann eine Außenstelle der Gemeindeverwaltung (Verwaltungsstelle) eingerichtet werden. Die

Bürgermeisterin oder der Bürgermeister soll der Verwaltungsstelle mit Zustimmung des Gemeinderats und nach Anhörung der Ortsräte solche Aufgaben der Gemeindeverwaltung übertragen, die sich, ohne die Einheit und die Wirtschaftlichkeit der Verwaltung zu beeinträchtigen, für eine Übertragung eignen.

(2) Die Leiterin oder der Leiter der Verwaltungsstelle wird von der Bürgermeisterin oder vom Bürgermeister bestellt und abberufen. Die Leiterin oder der Leiter der Verwaltungsstelle ist berechtigt, an den Sitzungen der Ortsräte mit beratender Stimme teilzunehmen und, soweit die Verwaltungsstelle Beschlüsse der Ortsräte durchführt, verpflichtet, gegenüber den Ortsräten und den Ortsvorsteherinnen oder Ortsvorstehern Auskunft zu erteilen.

§ 77 Stadtbezirke

(1) In Städten mit mehr als 100.000 Einwohnerinnen und Einwohnern führen

1. die Gemeindebezirke die Bezeichnung Stadtbezirke,
2. die Ortsräte die Bezeichnung Bezirksräte und
3. die Ortsvorsteherinnen und Ortsvorsteher die Bezeichnung Bezirksbürgermeisterinnen oder Bezirksbürgermeister.

(2) In Stadtbezirken ohne eigene Bezirksverwaltung wird die Bezirksbürgermeisterin oder der Bezirksbürgermeister für die Dauer der Amtszeit des Bezirksrats von diesem aus seiner Mitte gewählt. Sie oder er ist Ehrenbeamtin oder Ehrenbeamter. In Stadtbezirken mit eigener Bezirksverwaltung ist die Bezirksbürgermeisterin oder der Bezirksbürgermeister die oder der von der Oberbürgermeisterin oder vom Oberbürgermeister mit Zustimmung des Stadtrats mit der Leitung der Bezirksverwaltung beauftragte Beamtin oder Beamte; sie oder er hat kein Stimmrecht im Bezirksrat.

(3) Stellvertreterin oder Stellvertreter der Bezirksbürgermeisterin oder des Bezirksbürgermeisters ist die oder der Bezirksbeigeordnete. Sie oder er ist ehrenamtlich tätig. In Stadtbezirken mit eigener Bezirksverwaltung ist die oder der Bezirksbeigeordnete Ehrenbeamtin oder Ehrenbeamter.

(4) Soweit sich aus den Absätzen 2 und 3 nichts anderes ergibt, finden auf die Bezirksbürgermeisterinnen oder Bezirksbürgermeister und die Bezirksbeigeordneten die Vorschriften des § 75 entsprechende Anwendung.

(5) In Stadtbezirken kann durch Satzung eine Bezirksverwaltung eingerichtet werden; für den Zeitpunkt gilt § 70 Abs. 2 entsprechend. Die Bezirksverwaltung erledigt die Verwaltungsaufgaben, die ihr von der Oberbürgermeisterin oder vom Oberbürgermeister mit Zustimmung des Stadtrats übertragen sind.

V. Abschnitt

Gemeindebedienstete

§ 78 Einstellungspflicht

Die Gemeinde ist verpflichtet, die zur ordnungsgemäßen Erfüllung ihrer Aufgaben erforderlichen geeigneten Bediensteten (Beamtinnen und Beamte, Arbeitnehmerinnen und Arbeitnehmer) einzustellen.

§ 79 Stellenplan

(1) Die Gemeinde bestimmt in einem Stellenplan die Planstellen ihrer Bediensteten nach Zahl, Art und Bewertung. Zahl und Art der Planstellen haben sich nach dem sachlichen Bedürfnis zu richten. Die Bewertung der Planstellen bestimmt sich nach den Merkmalen, die sich

aus Inhalt, Umfang und Bedeutung des mit der Stelle verbundenen und durch den Organisations- und Geschäftsverteilungsplan festgelegten Aufgabengebiets ergeben. Änderungen des Stellenplans sollen gleichzeitig mit der Haushaltssatzung beschlossen werden.

(2) Bei der Ernennung von Beamtinnen und Beamten sowie bei der Einstellung und Einstufung von Arbeitnehmerinnen und Arbeitnehmern ist der Stellenplan einzuhalten.

(3) Aus dem Stellenplan können Ansprüche nicht hergeleitet werden. Besoldungsrechtliche Vorschriften bleiben unberührt.

§ 79a Kommunale Frauenbeauftragte

(1) Gemeinden mit mehr als 20.000 Einwohnerinnen und Einwohnern müssen eine hauptamtliche Frauenbeauftragte (Kommunale Frauenbeauftragte) bestellen.

(2) Die Kommunale Frauenbeauftragte ist unmittelbar der Bürgermeisterin oder dem Bürgermeister unterstellt. Im Einvernehmen mit der Bürgermeisterin oder dem Bürgermeister kann sich die Kommunale Frauenbeauftragte eigenständig an die Öffentlichkeit wenden.

(3) Die Kommunale Frauenbeauftragte hat die Aufgabe, auf kommunaler Ebene an der tatsächlichen Durchsetzung der Gleichberechtigung von Frauen und Männern mitzuwirken und bestehende Nachteile beseitigen zu helfen. Sie ist frühzeitig und umfassend an allen Vorhaben, Projekten, Entscheidungen, Maßnahmen und Beschlüssen zu beteiligen, die sich in besonderer Weise auf die im jeweiligen Gemeindegebiet lebenden Frauen und Familien auswirken können. Sie kann selbst Vorhaben, Maßnahmen und Projekte anregen, die die Situation von Frauen und Familien in der örtlichen Gemeinschaft betreffen.

(4) Die Kommunale Frauenbeauftragte hat im Gemeinderat und in jedem seiner Ausschüsse - auch bei nicht öffentlicher Verhandlung - das Recht zur Teilnahme an Sitzungen und zu vorheriger Einsicht in alle Vorlagen. Auf Anregung der Kommunalen Frauenbeauftragten hat die Bürgermeisterin oder der Bürgermeister bestimmte Verhandlungsgegenstände in die Tagesordnung der nächsten Gemeinderatssitzung aufzunehmen, es sei denn, sie berühren offensichtlich nicht den Aufgabenbereich der Kommunalen Frauenbeauftragten. Wird ein Verhandlungsgegenstand aufgrund der Anregung der Kommunalen Frauenbeauftragten in die Tagesordnung aufgenommen, so genießt sie im Gemeinderat zu diesem Gegenstand Rederecht. Der Gemeinderat und jeder seiner Ausschüsse kann mit den Stimmen einer Fraktion oder einem Viertel der gesetzlichen Zahl seiner Mitglieder der Kommunalen Frauenbeauftragten zu jedem Verhandlungsgegenstand der Tagesordnung ein Rederecht einräumen; ein entsprechender Beschluss kann auch auf Antrag der Kommunalen Frauenbeauftragten herbeigeführt werden.

(5) Die Kommunale Frauenbeauftragte ist weiterhin zu beteiligen bei der Erhebung der statistischen Daten, der Erarbeitung einer gezielten frauenfördernden Personalplanung, bei der Umsetzung aller Maßnahmen auf der Grundlage der in Kraft gesetzten Personalplanung, insbesondere der Vorbereitung und Umsetzung der Personalentscheidungen.

(6) Wurde eine Beteiligung nach Absatz 5 oder Absatz 4 unterlassen, ist die Maßnahme auszusetzen und die Beteiligung nachzuholen.

(7) Frauen, die aufgrund dieses Gesetzes als Kommunale Frauenbeauftragte tätig sind, dürfen in oder aufgrund der Ausübung ihrer Tätigkeit nicht behindert oder benachteiligt werden.

§ 80 Sonstige Vorschriften

(1) Auf die Gemeindebediensteten sind die für die Landesbediensteten geltenden Vorschriften entsprechend anzuwenden, soweit gesetzlich nichts anderes bestimmt ist.

(2) Personalausgaben dürfen nur geleistet werden, soweit gesetzliche Vorschriften, Arbeits- und Tarifverträge hierzu verpflichten oder ausdrücklich ermächtigen.

§ 81 Versorgungseinrichtung

Die Gemeinden sind verpflichtet, zur Sicherung der Versorgungsansprüche ihrer Beamtinnen und Beamten einer gemeinsamen öffentlich-rechtlichen Versorgungseinrichtung als Mitglied anzugehören.

Dritter Teil

Gemeindewirtschaft

I. Abschnitt

Haushaltswirtschaft

§ 82 Allgemeine Haushaltsgrundsätze

(1) Die Gemeinde hat ihre Haushaltswirtschaft so zu planen und zu führen, dass die stetige Erfüllung ihrer Aufgaben gesichert ist. Dabei ist den Erfordernissen des gesamtwirtschaftlichen Gleichgewichts Rechnung zu tragen.

(2) Die Haushaltswirtschaft ist sparsam und wirtschaftlich zu führen.

(3) Der Haushalt muss in jedem Haushaltsjahr in Planung und Rechnung ausgeglichen sein. Er ist ausgeglichen, wenn der Gesamtbetrag der Erträge die Höhe des Gesamtbetrages der Aufwendungen erreicht oder übersteigt. Die Verpflichtung des Satzes 1 gilt als erfüllt, wenn der Fehlbedarf im Ergebnishaushalt und der Fehlbetrag in der Ergebnisrechnung durch Inanspruchnahme der Ausgleichsrücklage gedeckt werden können.

(4) Die Ausgleichsrücklage ist in der Vermögensrechnung zusätzlich zur allgemeinen Rücklage als gesonderter Posten des Eigenkapitals anzusetzen. Der Ausgleichsrücklage können Jahresüberschüsse durch Beschluss nach § 101 Abs. 2 Satz 1 zugeführt werden; durch die Zuführung darf ein Drittel des Eigenkapitals nicht überschritten werden.

(5) Wird bei der Aufstellung der Haushaltssatzung eine Verringerung der allgemeinen Rücklage vorgesehen, bedarf dies der Genehmigung der Kommunalaufsichtsbehörde. Die Genehmigung gilt als erteilt, wenn die Kommunalaufsichtsbehörde nicht innerhalb eines Monats nach Eingang des Antrages der Gemeinde eine andere Entscheidung trifft; § 91 Abs. 4 und § 92 Abs. 2 bleiben unberührt. Die Genehmigung kann unter Bedingungen und mit Auflagen erteilt werden. Sie ist mit der Verpflichtung zu verbinden, einen Haushaltssanierungsplan nach § 82a aufzustellen, wenn die Voraussetzungen des § 82a Abs. 1 vorliegen.

(6) Weist die Ergebnisrechnung bei der Feststellung des Jahresabschlusses nach § 101 Abs. 2 Satz 1 trotz eines ursprünglich ausgeglichenen Ergebnishaushalts einen Fehlbetrag oder einen höheren Fehlbetrag als im Ergebnishaushalt ausgewiesen aus, so hat die Gemeinde dies der Kommunalaufsichtsbehörde unverzüglich anzuzeigen. Die Kommunalaufsichtsbehörde kann in diesem Fall Anordnungen treffen, um eine geordnete Haushaltswirtschaft wieder herzustellen.

(7) Die Liquidität der Gemeinde einschließlich der Finanzierung der Investitionen ist sicherzustellen.

(8) Die Gemeinde darf sich grundsätzlich nicht überschulden. Tritt eine Überschuldung dennoch ein, so ist ein Sanierungshaushalt nach § 82a Abs. 2 aufzustellen. Sie ist überschuldet, wenn nach der Vermögensrechnung das Eigenkapital aufgebraucht ist.

§ 82a Haushaltssanierungsplan, Sanierungshaushalt

(1) Die Gemeinde hat zur Sicherung ihrer dauerhaften Leistungsfähigkeit einen Haushaltssanierungsplan aufzustellen, wenn bei der Aufstellung des Haushaltsplans

1. durch Veränderungen der Haushaltswirtschaft innerhalb eines Haushaltsjahres der in der Vermögensrechnung des Vorjahres auszuweisende Ansatz der allgemeinen Rücklage um mehr als ein Viertel verringert wird oder

2. in zwei aufeinanderfolgenden Haushaltsjahren geplant ist, den in der Vermögensrechnung des Vorjahres auszuweisenden Ansatz der allgemeinen Rücklage jeweils um mehr als ein Zwanzigstel zu verringern oder

3. innerhalb des Zeitraumes der mittelfristigen Ergebnis- und Finanzplanung die allgemeine Rücklage aufgebraucht wird.

Dies gilt entsprechend bei der Feststellung des Jahresabschlusses gem. § 101 Abs. 2 Satz 1.

(2) Der Haushaltssanierungsplan dient dem Ziel, den Haushaltsausgleich zum nächstmöglichen Zeitpunkt wieder herzustellen. Der Sanierungshaushalt dient zusätzlich dem Ziel, eine eingetretene Überschuldung zu beseitigen. Die Maßnahmen, durch die das jeweilige Ziel erreicht werden soll, sind darzustellen. Außerdem ist

der Zeitraum festzulegen, innerhalb dessen der Haushaltsausgleich wieder erreicht oder eine Überschuldung beseitigt werden soll. Ist dieser Zeitraum wegen der Höhe des Haushaltsfehlbedarfs oder der Überschuldung nicht konkret absehbar, so muss aufgezeigt werden, in welchen Schritten der Haushaltsfehlbedarf oder die Überschuldung nennenswert verringert werden kann. Alle Möglichkeiten sind auszuschöpfen. Der Haushaltssanierungsplan und der Sanierungshaushalt bedürfen der Genehmigung der Kommunalaufsichtsbehörde. Die Genehmigung kann unter Bedingungen und Auflagen erteilt werden.

§ 83 Grundsätze der Finanzmittelbeschaffung

(1) Die Gemeinde erhebt Abgaben nach den gesetzlichen Vorschriften.

(2) Sie hat die zur Erfüllung ihrer Aufgaben erforderlichen Finanzmittel

1. soweit vertretbar und geboten aus Entgelten für die von ihr erbrachten Leistungen,

2. im Übrigen aus Steuern

zu beschaffen, soweit die sonstigen Finanzmittel nicht ausreichen. Eine Rechtspflicht zur Erhebung von Straßenausbaubeiträgen für die Fahrbahnen von öffentlichen Straßen besteht nicht.

(3) Die Gemeinde darf Kredite für Investitionen nur aufnehmen, wenn eine andere Finanzierung nicht möglich ist oder wirtschaftlich unzweckmäßig wäre. Straßenausbaubeiträge für die Fahrbahnen von öffentlichen Straßen zählen nicht zu den anderen Finanzierungsmöglichkeiten.

§ 84 Haushaltssatzung

(1) Die Gemeinde hat für jedes Haushaltsjahr eine Haushaltssatzung zu erlassen.

(2) Die Haushaltssatzung enthält die Festsetzung

1. des Haushaltsplans unter Angabe des Gesamtbetrages

    a) der Erträge und Aufwendungen des Ergebnishaushalts sowie deren Saldo,

    b) der Einzahlungen und Auszahlungen aus Investitionstätigkeit und der Einzahlungen und Auszahlungen aus Finanzierungstätigkeit des Finanzhaushalts sowie jeweils deren Saldo,

    c) der vorgesehenen Kreditaufnahmen für Investitionen (Kreditermächtigung),

    d) der vorgesehenen Ermächtigungen zum Eingehen von Verpflichtungen, die künftige Haushaltsjahre mit Auszahlungen für Investitionen und Investitionsförderungsmaßnahmen belasten (Verpflichtungsermächtigungen),

2. der Inanspruchnahme der Ausgleichsrücklage und der Verringerung der allgemeinen Rücklage,

3. des Höchstbetrages der Kredite zur Liquiditätssicherung,

4. der Steuersätze, die für jedes Haushaltsjahr neu festzusetzen sind.

Sie kann weitere Vorschriften enthalten, die sich auf die Erträge und Aufwendungen, Einzahlungen und Auszahlungen sowie den Stellenplan und den Haushaltssanierungsplan oder den Sanierungshaushalt beziehen.

(3) Die Haushaltssatzung tritt mit Beginn des Haushaltsjahres in Kraft und gilt für das Haushaltsjahr. Sie kann Festsetzungen für zwei Haushaltsjahre, nach Jahren getrennt, enthalten.

(4) Haushaltsjahr ist das Kalenderjahr, soweit für einzelne Bereiche durch Gesetz oder Rechtsverordnung nichts anderes bestimmt ist.

§ 85 Haushaltsplan

(1) Der Haushaltsplan ist Teil der Haushaltssatzung. Er enthält alle im Haushaltsjahr für die Erfüllung der Aufgaben der Gemeinde voraussichtlich

1. anfallenden Erträge und eingehenden Einzahlungen,

2. entstehenden Aufwendungen und zu leistenden Auszahlungen,

3. notwendigen Verpflichtungsermächtigungen.

Die Vorschriften über die Sondervermögen der Gemeinde bleiben unberührt.

(2) Der Haushaltsplan ist in einen Ergebnishaushalt und einen Finanzhaushalt sowie in Teilhaushalte zu gliedern. Der Haushaltssanierungsplan oder der Sanierungshaushalt nach § 82a und der Stellenplan sind Bestandteile des Haushaltsplans.

(3) Der Haushaltsplan ist Grundlage für die Haushaltswirtschaft der Gemeinde. Er ist nach Maßgabe dieses Gesetzes und der aufgrund dieses Gesetzes erlassenen Vorschriften für die Haushaltsführung verbindlich. Ansprüche und Verbindlichkeiten Dritter werden durch ihn weder begründet noch aufgehoben.

§ 86 Erlass der Haushaltssatzung

(1) Die Haushaltssatzung mit dem Haushaltsplan und seinen Anlagen wird vom Gemeinderat in öffentlicher Sitzung beraten und beschlossen.

(2) Die vom Gemeinderat beschlossene Haushaltssatzung ist mit dem Haushaltsplan und seinen Anlagen der Kommunalaufsichtsbehörde vorzulegen. Sie soll bis zum Beginn des Haushaltsjahres vorgelegt werden.

(3) Die Haushaltssatzung ist öffentlich bekannt zu machen. Enthält sie genehmigungspflichtige Teile, darf sie erst nach Erteilung der Genehmigung öffentlich bekannt gemacht werden. Haushaltssatzungen ohne genehmigungspflichtige Teile dürfen frühestens einen Monat nach der Vorlage bekannt gemacht werden, es sei denn, die Kommunalaufsichtsbehörde erklärt schon vorher, dass keine Bedenken bestehen. § 12 Abs. 4 Satz 2 gilt entsprechend.

(4) Im Anschluss an die öffentliche Bekanntmachung der Haushaltssatzung ist der Haushaltsplan an sieben Werktagen öffentlich auszulegen; in der Bekanntmachung ist auf Ort und Zeit der Auslegung hinzuweisen.

§ 87 Nachtragssatzung

(1) Die Haushaltssatzung kann nur durch Nachtragssatzung geändert werden, die spätestens bis zum Ablauf des Haushaltsjahres öffentlich bekannt zu machen ist. Für die Nachtragssatzung gelten die Vorschriften für die Haushaltssatzung entsprechend. Die öffentliche Auslegung des Nachtragshaushaltsplans kann entfallen, wenn er zusammen mit der Veröffentlichung der Nachtragssatzung öffentlich bekannt gemacht wird.

(2) Die Gemeinde hat unverzüglich eine Nachtragssatzung zu erlassen, wenn

1. sich zeigt, dass im Ergebnishaushalt trotz Ausnutzung jeder Sparmöglichkeit ein erheblicher Fehlbetrag entstehen oder ein bereits ausgewiesener Fehlbedarf sich wesentlich erhöhen wird und nur durch eine Änderung der Haushaltssatzung der Haushaltsausgleich erreicht oder ein wesentlicher Anstieg des ausgewiesenen Fehlbedarfs vermieden werden kann,

2. sich zeigt, dass im Finanzhaushalt ein erheblicher Fehlbetrag bei den Ein- und Auszahlungen aus laufender Verwaltungstätigkeit entstehen oder ein bereits ausgewiesener Fehlbetrag sich wesentlich erhöhen wird und nur durch die Änderung der Haushaltssatzung der Haushaltsausgleich erreicht oder ein wesentlicher Anstieg des ausgewiesenen Fehlbetrags vermieden werden kann,

3. bisher nicht veranschlagte oder zusätzliche Aufwendungen oder Auszahlungen bei einzelnen Haushaltspositionen in einem im Verhältnis zu den Gesamtaufwendungen oder Gesamtauszahlungen erheblichen Umfang geleistet werden müssen,

4. Auszahlungen für bisher nicht veranschlagte Baumaßnahmen oder Investitionsförderungsmaßnahmen geleistet werden sollen oder

5. Beamtinnen oder Beamte oder Arbeitnehmerinnen oder Arbeitnehmer angestellt, eingestellt, befördert oder in einer höheren Entgeltgruppe eingestuft werden sollen und der Stellenplan die entsprechenden Stellen nicht enthält.

(3) Absatz 2 Nr. 3 bis 5 findet keine Anwendung auf

1. Auszahlungen für geringfügige Baumaßnahmen und Investitionsförderungsmaßnahmen sowie auf Aufwendungen und Auszahlungen für unabweisbare Instandsetzungen an Bauten und Anlagen,

2. die Umschuldung von Krediten für Investitionen,

3. Abweichungen vom Stellenplan und die Leistung höherer Personalaufwendungen und -auszahlungen, die auf Grund des Besoldungs- oder Tarifrechts notwendig werden.

§ 88 Vorläufige Haushaltsführung

(1) Ist die Haushaltssatzung bei Beginn des Haushaltsjahres noch nicht bekannt gemacht, so darf die Gemeinde ausschließlich

1. Aufwendungen entstehen lassen und Auszahlungen leisten, zu denen sie rechtlich verpflichtet ist oder die für die Weiterführung notwendiger Aufgaben unaufschiebbar sind; sie darf insbesondere Bauten, Beschaffungen und sonstige Investitionsmaßnahmen, für die im Haushaltsplan eines Vorjahres Beträge vorgesehen waren, fortsetzen,

2. Realsteuern nach den Sätzen des Vorjahres erheben,

3. Kredite umschulden.

(2) Reichen die Finanzmittel für die Fortsetzung der Bauten, der Beschaffungen und der sonstigen Investitionsmaßnahmen oder zur Finanzierung von Investitionsmaßnahmen, zu deren Durchführung die Gemeinde rechtlich verpflichtet ist, nach Absatz 1 Nr. 1 nicht aus, so darf die Gemeinde Kredite für Investitionen bis zu einem Viertel der in der Haushaltssatzung des Vorjahres festgesetzten Kredite für Investitionen und mit Genehmigung der Kommunalaufsichtsbehörde darüber hinaus aufnehmen; § 92 Abs. 2 Satz 2 und 3 gilt entsprechend.

§ 89 Überplanmäßige und außerplanmäßige Aufwendungen und Auszahlungen

(1) Überplanmäßige und außerplanmäßige Aufwendungen und Auszahlungen aus Investitionstätigkeit sind nur zulässig, wenn sie unabweisbar sind und die Deckung gewährleistet ist. Sind sie erheblich, so bedürfen sie der vorherigen Zustimmung des Gemeinderates; im Übrigen sind sie dem Gemeinderat zur Kenntnis zu bringen.

(2) Für Investitionen, die im folgenden Haushaltsjahr fortgesetzt werden, sind überplanmäßige Auszahlungen auch dann zulässig, wenn ihre Deckung im laufenden Haushaltsjahr nur durch Erlass einer Nachtragssatzung möglich wäre, die Deckung aber im folgenden Jahr gewährleistet ist; sie bedürfen der vorherigen Zustimmung des Gemeinderates.

(3) Die Absätze 1 und 2 finden entsprechende Anwendung auf Maßnahmen, durch die später über- oder außerplanmäßige Aufwendungen und Auszahlungen entstehen können.

(4) Nicht veranschlagte oder zusätzliche Aufwendungen, die erst bei der Aufstellung des Jahresabschlusses festgestellt werden können und nicht zu Auszahlungen führen, gelten nicht als überplanmäßige oder außerplanmäßige Aufwendungen.

(5) § 87 Abs. 2 bleibt unberührt.

§ 90 Mittelfristige Ergebnis- und Finanzplanung, Investitionsprogramm

(1) Die Gemeinde hat ihrer Haushaltswirtschaft eine fünfjährige Ergebnis- und Finanzplanung zu Grunde zu legen und in den Haushaltsplan einzubeziehen. Das erste Planungsjahr ist das laufende Haushaltsjahr. Die Ergebnis- und Finanzplanung für die dem

Haushaltsjahr folgenden drei Planungsjahre soll in den einzelnen Jahren ausgeglichen sein.

(2) Als Grundlage für die mittelfristige Ergebnis- und Finanzplanung ist ein Investitionsprogramm aufzustellen. Das Investitionsprogramm ist vom Gemeinderat zu beschließen.

(3) Die mittelfristige Ergebnis- und Finanzplanung und das Investitionsprogramm sind jährlich der Entwicklung anzupassen und fortzuführen.

§ 91 Verpflichtungsermächtigungen

(1) Verpflichtungen zur Leistung von Auszahlungen für Investitionen und Investitionsförderungsmaßnahmen in künftigen Jahren dürfen grundsätzlich nur eingegangen werden, wenn der Haushaltsplan hierzu ermächtigt. Sie dürfen ausnahmsweise auch überplanmäßig oder außerplanmäßig eingegangen werden, wenn sie unabweisbar sind und der in der Haushaltssatzung festgesetzte Gesamtbetrag der Verpflichtungsermächtigungen nicht überschritten wird; § 89 Abs. 1 Satz 2 gilt entsprechend.

(2) Verpflichtungsermächtigungen dürfen in der Regel nur zu Lasten der dem Haushaltsjahr folgenden drei Jahre veranschlagt werden, in Ausnahmefällen bis zum Abschluss einer Maßnahme; sie sind nur zulässig, wenn die Finanzierung der aus ihrer Inanspruchnahme entstehenden Auszahlungen im Rahmen der mittelfristigen Finanzplanung gesichert erscheint.

(3) Verpflichtungsermächtigungen gelten bis zum Ende des Haushaltsjahres und, wenn die Haushaltssatzung für das folgende Haushaltsjahr nicht rechtzeitig öffentlich bekannt gemacht wird, bis zu deren Bekanntmachung.

(4) Der Gesamtbetrag der Verpflichtungsermächtigungen bedarf im Rahmen der Haushaltssatzung insoweit der Genehmigung der Kommunalaufsichtsbehörde, als in den Jahren, zu deren Lasten sie veranschlagt sind, Kreditaufnahmen für Investitionen vorgesehen sind.

§ 92 Kredite für Investitionen

(1) Kredite für Investitionen dürfen unter der Voraussetzung des § 83 Abs. 3 nur im Finanzhaushalt und nur für Investitionen und Investitionsförderungsmaßnahmen sowie zur Umschuldung aufgenommen werden.

(2) Der Gesamtbetrag der vorgesehenen Kreditaufnahmen für Investitionen, mit Ausnahme der Kreditaufnahmen zur Umschuldung, bedarf im Rahmen der Haushaltssatzung der Genehmigung der Kommunalaufsichtsbehörde (Gesamtgenehmigung). Die Genehmigung soll unter dem Gesichtspunkt einer geordneten Haushaltswirtschaft erteilt oder versagt werden; sie kann unter Bedingungen erteilt und mit Auflagen verbunden werden. Sie ist in der Regel zu versagen, wenn die Kreditverpflichtungen mit der dauernden Leistungsfähigkeit der Gemeinde nicht im Einklang stehen.

(3) Die Kreditermächtigung gilt bis zum Ende des auf das Haushaltsjahr folgenden Haushaltsjahres und, wenn die Haushaltssatzung für das übernächste Haushaltsjahr nicht rechtzeitig öffentlich bekannt gemacht wird, bis zu deren Bekanntmachung.

(4) Die Aufnahme der einzelnen Kredite, deren Gesamtbetrag nach Absatz 2 genehmigt worden ist, bedarf der Genehmigung der Kommunalaufsichtsbehörde (Einzelgenehmigung), sobald die Kreditaufnahmen nach § 19 des Gesetzes zur Förderung der Stabilität und des Wachstums der Wirtschaft beschränkt worden sind. Die Einzelgenehmigung kann nach Maßgabe der Kreditbeschränkungen versagt werden.

(5) Die Begründung einer Zahlungsverpflichtung, die wirtschaftlich einer Kreditverpflichtung gleichkommt, bedarf der Genehmigung der Kommunalaufsichtsbehörde. Absatz 2 Satz 2 und 3 gilt sinngemäß. Eine Genehmigung ist nicht erforderlich für die Begründung von Zahlungsverpflichtungen im Rahmen der laufenden Verwaltung.

(6) Die Gemeinde darf zur Sicherung des Kredits keine Sicherheiten bestellen. Die Kommunalaufsichtsbehörde kann Ausnahmen zulassen, wenn die Bestellung von Sicherheiten der Verkehrsübung entspricht.

§ 93 Sicherheiten und Gewährleistung für Dritte

(1) Die Gemeinde darf keine Sicherheiten zugunsten Dritter bestellen. Die Kommunalaufsichtsbehörde kann Ausnahmen zulassen.

(2) Die Gemeinde darf Bürgschaften und Verpflichtungen aus Gewährverträgen nur im Rahmen der Erfüllung ihrer Aufgaben übernehmen. Die Rechtsgeschäfte bedürfen der Genehmigung der Kommunalaufsichtsbehörde, soweit sie nicht im Rahmen der laufenden Verwaltung abgeschlossen werden; § 92 Abs. 2 Satz 2 und 3 gilt entsprechend. Nicht genehmigungspflichtig ist die Übernahme von bis zur dinglichen Sicherung des Darlehensbetrages befristeten Ausfallbürgschaften für Darlehen zur Förderung des Städte- und Wohnungsbaues.

(3) Absatz 2 Satz 1 und 2 gilt entsprechend für Rechtsgeschäfte, die den dort genannten Rechtsgeschäften wirtschaftlich gleichkommen, insbesondere für die Zustimmung zu Rechtsgeschäften Dritter, aus denen der Gemeinde in künftigen Haushaltsjahren Verpflichtungen zu Leistungen erwachsen können.

§ 94 Kredite zur Liquiditätssicherung

(1) Zur rechtzeitigen Leistung ihrer Auszahlungen kann die Gemeinde Kredite zur Liquiditätssicherung bis zu dem in der Haushaltssatzung festgesetzten Höchstbetrag aufnehmen, soweit dafür keine anderen Mittel zur Verfügung stehen. Diese Ermächtigung gilt über das Haushaltsjahr hinaus bis zur Bekanntmachung der neuen Haushaltssatzung.

(2) Die Gemeinde kann Kredite zur Liquiditätssicherung mit Laufzeiten über das Haushaltsjahr hinaus aufnehmen, soweit dies wirtschaftlich geboten ist.

§ 95 Vermögensgegenstände

(1) Die Gemeinde soll Vermögensgegenstände nur erwerben, soweit dies zur Erfüllung ihrer Aufgaben in absehbarer Zeit erforderlich ist.

(2) Die Vermögensgegenstände sind pfleglich und wirtschaftlich zu verwalten und ordnungsgemäß nachzuweisen. Bei Geldanlagen ist auf eine ausreichende Sicherheit zu achten; sie sollen einen angemessenen Ertrag erbringen.

(3) Die Gemeinde darf Vermögensgegenstände, die sie zur Erfüllung ihrer Aufgaben in absehbarer Zeit nicht braucht, veräußern. Vermögensgegenstände dürfen in der Regel nur zu ihrem vollen Wert veräußert werden.

(4) Für die Überlassung der Nutzung eines Vermögensgegenstandes gilt Absatz 3 entsprechend.

(5) Besondere Rechtsvorschriften für die Bewirtschaftung des Gemeindewaldes bleiben unberührt.

§ 96 Inventur, Inventar und Vermögensbewertung

(1) Die Gemeinde hat zum Schluss eines jeden Haushaltsjahres sämtliche Vermögensgegenstände, Schulden und Rechnungsabgrenzungsposten in einer Inventur unter Beachtung der Grundsätze ordnungsgemäßer Inventur vollständig aufzunehmen und dabei den Wert der einzelnen Vermögensgegenstände und Verbindlichkeiten anzugeben (Inventar).

(2) Für die im Jahresabschluss auszuweisenden Wertansätze gilt:

1. Vermögensgegenstände sind höchstens mit den Anschaffungs- oder Herstellungskosten vermindert um die planmäßigen und außerplanmäßigen Abschreibungen anzusetzen,

2. Verbindlichkeiten sind zu ihrem Rückzahlungsbetrag, Rentenverpflichtungen, für die eine Gegenleistung nicht mehr zu erwarten ist, zu ihrem Barwert und Rückstellungen nur in Höhe des Betrages anzusetzen, der voraussichtlich notwendig ist.

Die Bewertung ist unter Anwendung der Grundsätze ordnungsgemäßer Buchführung vorzunehmen, soweit dieses Gesetz oder eine aufgrund dieses Gesetzes erlassene Rechtsverordnung nichts Anderes vorsehen.

§ 97 Gemeindekasse

(1) Die Gemeindekasse erledigt alle Kassengeschäfte der Gemeinde; § 104 bleibt unberührt.

(2) Die Gemeinde hat, wenn sie ihre Kassengeschäfte nicht durch eine Stelle außerhalb der Gemeindeverwaltung besorgen lässt, eine Kassenverwalterin oder einen Kassenverwalter und eine Stellvertreterin oder einen Stellvertreter zu bestellen.

(3) Die anordnungsbefugten Gemeindebediensteten sowie die Leiterin oder der Leiter und die Prüferinnen oder Prüfer des Rechnungsprüfungsamtes können nicht gleichzeitig die Stellung einer Kassenverwalterin oder eines Kassenverwalters oder einer Vertreterin oder eines Vertreters innehaben.

(4) Die Kassenverwalterin oder der Kassenverwalter und die Stellvertreterin oder der Stellvertreter dürfen mit der Bürgermeisterin oder dem Bürgermeister, der Leiterin oder dem Leiter der Finanzverwaltung sowie der Leiterin oder dem Leiter und den Prüferinnen oder den Prüfern des Rechnungsprüfungsamtes nicht bis zum dritten Grad verwandt oder bis zum zweiten Grad verschwägert oder durch Ehe oder eingetragene Lebenspartnerschaft verbunden sein.

(5) Die Kassenverwalterin oder der Kassenverwalter und die Stellvertreterin oder der Stellvertreter sind nicht befugt, Zahlungen anzuordnen.

§ 98 Übertragung von Kassengeschäften, Automation

(1) Die Gemeinde kann die Kassengeschäfte ganz oder zum Teil von einer Stelle außerhalb der Gemeindeverwaltung besorgen lassen, wenn die ordnungsgemäße Erledigung und die Prüfung nach den für die Gemeinde geltenden Vorschriften gewährleistet sind. Die Vorschriften des Gesetzes über die kommunale Gemeinschaftsarbeit bleiben unberührt.

(2) Werden die Kassengeschäfte oder das Rechnungswesen ganz oder zum Teil automatisiert, so ist den für die Prüfung zuständigen Stellen Gelegenheit zu geben, die Programme vor ihrer Anwendung zu prüfen.

§ 99 Jahresabschluss

(1) Die Gemeinde hat zum Schluss eines jeden Haushaltsjahres einen Jahresabschluss aufzustellen, in dem das Ergebnis der Haushaltswirtschaft des Haushaltsjahres nachzuweisen ist.

(2) Der Jahresabschluss besteht aus

1. der Ergebnisrechnung,
2. der Finanzrechnung,
3. den Teilrechnungen,
4. der Vermögensrechnung,
5. dem Anhang.

(3) Dem Jahresabschluss sind als Anlagen beizufügen

1. der Rechenschaftsbericht,
2. die Anlagenübersicht,
3. die Forderungsübersicht,
4. die Verbindlichkeitenübersicht.

(4) Der Jahresabschluss ist innerhalb von sechs Monaten nach Ablauf des Haushaltsjahres aufzustellen.

§ 100 Gesamtabschluss

(1) Die Gemeinde hat in jedem Haushaltsjahr für den Abschlussstichtag 31. Dezember einen konsolidierten Jahresabschluss (Gesamtabschluss) aufzustellen.

(2) Der Gesamtabschluss besteht aus

1. der Gesamtergebnisrechnung und

2. der Gesamtvermögensrechnung.

Der Gesamtabschluss ist um einen Konsolidierungsbericht zu ergänzen.

(3) Zu dem Gesamtabschluss hat die Gemeinde ihren Jahresabschluss nach § 99 und die Jahresabschlüsse des gleichen Geschäftsjahres der verselbstständigten Aufgabenbereiche in öffentlich-rechtlicher oder privatrechtlicher Form zu konsolidieren.

(4) In den Gesamtabschluss müssen verselbständigte Aufgabenbereiche nach Absatz 3 nicht einbezogen werden, wenn sie von untergeordneter Bedeutung sind.

(5) Der Gesamtabschluss ist innerhalb von neun Monaten nach Ablauf des Haushaltsjahres aufzustellen.

§ 101 Prüfung und Feststellung des Jahresabschlusses und des Gesamtabschlusses, Entlastung

(1) Die Bürgermeisterin oder der Bürgermeister legt den Jahresabschluss dem Gemeinderat vor. Soweit ein Rechnungsprüfungsamt besteht oder sich die Gemeinde zur Prüfung eines Zweckverbandes, des Rechnungsprüfungsamtes einer anderen Gemeinde oder eines Gemeindeverbandes oder einer anderen Abschlussprüferin oder eines anderen Abschlussprüfers nach § 124 Abs. 2 bedient, die bei der Führung der Bücher oder der Aufstellung des zu prüfenden Jahresabschlusses nicht mitgewirkt haben dürfen, fügt die Bürgermeisterin oder der Bürgermeister dessen Prüfungsbericht bei. Der Jahresabschluss ist in nicht öffentlicher Sitzung durch den Rechnungsprüfungsausschuss nach den Grundsätzen des § 122 Abs. 1 zu prüfen. Für den Ausschussvorsitz gilt

§ 42 Abs. 3 entsprechend. Ehrenamtliche Beigeordnete haben, soweit sie die Bürgermeisterin oder den Bürgermeister vertreten haben oder ihnen bestimmte Geschäftszweige zur Erledigung übertragen waren, im Rechnungsprüfungsverfahren kein Stimmrecht. Die Bürgermeisterin oder der Bürgermeister und die Beigeordneten sind berechtigt und verpflichtet, Auskünfte zu erteilen.

(2) Der Gemeinderat stellt den geprüften Jahresabschluss bis spätestens 31. Dezember des auf das Haushaltsjahr folgenden Jahres fest; dabei beschließt er auch über die Verwendung des Jahresüberschusses, oder er stellt den Jahresfehlbetrag fest. Zugleich entscheidet er in einem gesonderten Beschluss über die Entlastung der Bürgermeisterin oder des Bürgermeisters. Verweigert der Gemeinderat die Entlastung oder spricht er sie mit Einschränkungen aus, so hat er die Gründe dafür anzugeben.

(3) Die Beschlüsse über die Feststellung des Jahresabschlusses und über die Entlastung sind öffentlich bekannt zu machen. Im Anschluss an die öffentliche Bekanntmachung ist der Jahresabschluss mit dem Rechenschaftsbericht an sieben Werktagen öffentlich auszulegen; dies gilt auch für den Prüfungsbericht der prüfenden Stelle, soweit nicht schutzwürdige Interessen Einzelner entgegenstehen. In der Bekanntmachung ist auf Ort und Zeit der Auslegung hinzuweisen.

(4) Der Gemeinderat stellt den geprüften Gesamtabschluss bis spätestens 31. Dezember des auf das Haushaltsjahr folgenden Jahres fest. Absatz 1 und Absatz 3, letzterer mit der Maßgabe, dass an die Stelle des Rechenschaftsberichts der Konsolidierungsbericht tritt, gelten entsprechend.

II. Abschnitt

Sondervermögen, Treuhandvermögen

§ 102 Sondervermögen

(1) Sondervermögen der Gemeinden sind

1. das Gemeindegliedervermögen,

2. das Vermögen der rechtlich unselbstständigen örtlichen Stiftungen,

3. die Eigenbetriebe und sonstigen Unternehmen ohne eigene Rechtspersönlichkeit mit Sonderrechnung,

4. rechtlich unselbstständige Versorgungs- und Versicherungseinrichtungen für die Bediensteten der Gemeinde.

(2) Sondervermögen nach Absatz 1 Nr. 1 und 2 unterliegen den Vorschriften über die Haushaltswirtschaft. Sie sind im Haushalt der Gemeinde gesondert nachzuweisen.

(3) Auf Sondervermögen nach Absatz 1 Nr. 3 sind die Vorschriften des § 82 Abs. 1 bis 3 Satz 1, 7 und 8 sowie §§ 83 und 90 bis 95 entsprechend anzuwenden; § 92 Abs. 1 ist mit der Maßgabe anzuwenden, dass Kredite auch für die Umwandlung oder Rückzahlung von Eigenkapital an die Gemeinde aufgenommen werden dürfen.

(4) Für Sondervermögen nach Absatz 1 Nr. 4 können besondere Haushaltspläne aufgestellt und Sonderrechnungen geführt werden. In diesem Fall sind die Vorschriften des I. Abschnitts mit der Maßgabe anzuwenden, dass an die Stelle der Haushaltssatzung der Beschluss über den Haushaltsplan tritt und von der öffentlichen Bekanntmachung und Auslegung nach § 86 Abs. 3 und 4 abgesehen

werden kann. Anstelle eines Haushaltsplans können ein Wirtschaftsplan aufgestellt und die für die Wirtschaftsführung und das Rechnungswesen der Eigenbetriebe geltenden Vorschriften entsprechend angewendet werden; Absatz 3 gilt sinngemäß.

§ 103 Treuhandvermögen

(1) Für rechtlich selbstständige örtliche Stiftungen sowie Vermögen, die die Gemeinde nach besonderem Recht treuhänderisch zu verwalten hat, sind besondere Haushaltspläne aufzustellen und Sonderrechnungen zu führen. § 102 Abs. 4 Satz 2 und 3 gilt entsprechend.

(2) Unbedeutendes Treuhandvermögen kann im Haushalt der Gemeinde gesondert nachgewiesen werden; es unterliegt den Vorschriften über die Haushaltswirtschaft.

(3) Mündelvermögen können auch abweichend von den Absätzen 1 und 2 nur im Jahresabschluss gesondert nachgewiesen werden.

(4) Besondere gesetzliche Vorschriften oder Bestimmungen der Stifterin oder des Stifters bleiben unberührt.

§ 104 Sonderkassen

Für Sondervermögen und Treuhandvermögen, für die Sonderrechnungen geführt werden, sind Sonderkassen einzurichten. Sie sollen mit der Gemeindekasse verbunden werden. § 98 gilt entsprechend.

§ 105 Freistellung von der Finanzplanung

Das Ministerium für Inneres und Sport kann Sondervermögen und Treuhandvermögen von den Verpflichtungen des § 90 freistellen, soweit die Zahlen der Finanzplanung weder für die Haushalts- oder Wirtschaftsführung noch für die Finanzstatistik benötigt werden.

§ 106 Gemeindegliedervermögen

(1) Für die Nutzung des Gemeindevermögens, dessen Ertrag nach bisherigem Recht nicht der Gemeinde, sondern sonstigen Berechtigten zusteht (Gemeindegliedervermögen), verbleibt es bei den bisherigen Vorschriften und Gewohnheiten.

(2) Gemeindegliedervermögen darf nicht in Privatvermögen der Nutzungsberechtigten umgewandelt werden. Es kann in freies Gemeindevermögen umgewandelt werden, wenn die Umwandlung aus Gründen des Gemeinwohls geboten ist. Den Betroffenen ist eine angemessene Entschädigung in Geld zu gewähren.

(3) Gemeindevermögen darf nicht in Gemeindegliedervermögen umgewandelt werden.

§ 107 Örtliche Stiftungen

(1) Die Gemeinde verwaltet die örtlichen Stiftungen nach den Vorschriften dieses Gesetzes, soweit nicht durch Gesetz oder Stifterin oder Stifter etwas anderes bestimmt ist.

(2) Das Stiftungsvermögen ist von dem übrigen Gemeindevermögen getrennt zu halten und so anzulegen, dass es für seinen Verwendungszweck greifbar ist.

(3) Ist die Erfüllung des Stiftungszwecks unmöglich geworden oder gefährdet die Stiftung das Gemeinwohl, so ist nach den Vorschriften des § 87 des Bürgerlichen Gesetzbuchs zu verfahren. Die Umwandlung des Stiftungszwecks und die Aufhebung der Stiftung stehen der

Gemeinde zu; sie bedarf der Genehmigung der Kommunalaufsichtsbehörde.

(4) Gemeindevermögen darf nur im Rahmen der Aufgabenerfüllung der Gemeinde und nur dann in Stiftungsvermögen eingebracht werden, wenn der mit der Stiftung verfolgte Zweck auf andere Weise nicht erreicht werden kann.

III. Abschnitt

Wirtschaftliche Betätigung und privatrechtliche Beteiligung

§ 108 Zulässigkeit wirtschaftlicher Betätigung

(1) Die Gemeinde darf wirtschaftliche Unternehmen ungeachtet ihrer Rechtsform nur errichten, übernehmen, erweitern oder sich an solchen beteiligen, wenn

1. der öffentliche Zweck das Unternehmen rechtfertigt,

2. das Unternehmen nach Art und Umfang in einem angemessenen Verhältnis zu der Leistungsfähigkeit der Gemeinde und zum voraussichtlichen Bedarf steht,

3. der öffentliche Zweck nicht ebenso gut und wirtschaftlich durch einen privaten Dritten erfüllt wird oder erfüllt werden kann.

(2) Als nicht wirtschaftliche Unternehmen im Sinne dieses Abschnitts gelten

1. Einrichtungen des Bildungs-, Gesundheits- und Sozialwesens, der Kultur, des Sports, der Erholung, der Freizeitgestaltung, der

Abfallbeseitigung, der Abwasserbeseitigung sowie Einrichtungen ähnlicher Art,

2. Einrichtungen, die als Hilfsbetriebe ausschließlich der Deckung des Eigenbedarfs kommunaler Körperschaften dienen.

(3) Durch den öffentlichen Zweck auch gerechtfertigt sind mit der Haupttätigkeit des Unternehmens verbundene Tätigkeiten, die üblicherweise im Wettbewerb zusammen mit der Haupttätigkeit erbracht werden; mit der Ausführung dieser Tätigkeiten sollen die Unternehmen private Dritte beauftragen. Sind an einem Unternehmen Private beteiligt, reicht es aus, wenn ein Anteil von Leistungen an der Gesamtleistung des Unternehmens, der der Höhe der kommunalen Beteiligung entspricht, durch den öffentlichen Zweck gerechtfertigt ist. Alle Tätigkeiten oder Tätigkeitsbereiche, mit denen die Gemeinde an dem vom Wettbewerb beherrschten Wirtschaftsleben teilnimmt, um ausschließlich Gewinn zu erzielen, entsprechen keinem öffentlichen Zweck.

(4) Die Gemeinde darf mit ihren Unternehmen außerhalb des Gemeindegebiets tätig werden, wenn

1. die Voraussetzungen des Absatzes 1 vorliegen und

2. keine betroffene kommunale Gebietskörperschaft aus berechtigten Interessen widerspricht. Bei gesetzlich liberalisierten Tätigkeiten gelten nur die Interessen als berechtigt, die nach den hierfür maßgeblichen Vorschriften eine Einschränkung des Wettbewerbs zulassen.

(5) Vor der Entscheidung über die Errichtung, Übernahme und wesentliche Erweiterung von wirtschaftlichen Unternehmen sowie der unmittelbaren oder mittelbaren Beteiligung an ihnen ist der Gemeinderat auf der Grundlage einer Marktanalyse umfassend über die Chancen und Risiken der beabsichtigten unternehmerischen

Betätigung sowie über deren Auswirkungen auf das Handwerk und die mittelständische Wirtschaft zu unterrichten. Vor der Befassung im Gemeinderat ist den Kammern der gewerblichen Wirtschaft und der freien Berufe sowie der Arbeitskammer Gelegenheit zur Stellungnahme zur Marktanalyse zu geben, soweit ihr Geschäftsbereich betroffen ist. Die Stellungnahmen sind dem Gemeinderat zur Kenntnis zu geben.

(6) Die Gemeinden sollen in regelmäßigen Zeitabständen prüfen, inwieweit wirtschaftliche Unternehmen materiell privatisiert werden können. Hierbei ist privaten Dritten die Möglichkeit zu geben darzulegen, ob und wie sie die dem öffentlichen Zweck dienende wirtschaftliche Betätigung ebenso gut und wirtschaftlich erfüllen können. Über das Ergebnis ist der Kommunalaufsicht zu berichten

(7) Bankunternehmen darf die Gemeinde nicht errichten, übernehmen oder betreiben. Für die öffentlichen Sparkassen gelten die besonderen Vorschriften

§ 109 Eigenbetriebe und sonstige Unternehmen ohne eigene Rechtspersönlichkeit mit Sonderrechnung

(1) Die gemeindlichen Unternehmen ohne eigene Rechtspersönlichkeit können als Eigenbetriebe geführt werden, Das Nähere regeln die Eigenbetriebsverordnung und die Betriebssatzung.

(2) Für jeden Eigenbetrieb ist ein Werksausschuss (§ 48) zu bilden; für mehrere Eigenbetriebe kann ein gemeinsamer Werksausschuss gebildet werden.

(3) Wirtschaftsführung, Vermögensverwaltung und Rechnungslegung jedes Eigenbetriebs sind so einzurichten, dass sie eine gesonderte Beurteilung der Betriebsführung und des Ergebnisses ermöglichen.

(4) Unternehmen der Gemeinde ohne eigene Rechtspersönlichkeit können unter vollständiger und mit Zustimmung der Kommunalaufsichtsbehörde unter teilweiser Anwendung der für Eigenbetriebe geltenden Vorschriften über die Wirtschaftsführung und das Rechnungswesen geführt werden.

§ 110 Unternehmen in Privatrechtsform

(1) Die Gemeinde darf ein Unternehmen in einer Rechtsform des privaten Rechts nur errichten, übernehmen, erweitern oder sich daran beteiligen, wenn

1. ein wichtiges Interesse der Gemeinde vorliegt,

2. die Haftung und die Einzahlungsverpflichtung der Gemeinde auf einen ihrer Leistungsfähigkeit angemessenen Betrag begrenzt wird,

3. die Gemeinde einen angemessenen Einfluss, insbesondere im Aufsichtsrat oder entsprechenden Überwachungsorgan, erhält,

4. aufgrund des Gesellschaftsvertrags oder der Satzung gewährleistet ist, dass der Jahresabschluss und der Lagebericht, soweit nicht weitergehende gesetzliche Vorschriften gelten oder andere gesetzliche Vorschriften entgegenstehen, entsprechend den Vorschriften des Dritten Buches des Handelsgesetzbuches für große Kapitalgesellschaften aufgestellt und geprüft werden.

(2) Die Gemeinde kann einzelne Geschäftsanteile an einer eingetragenen Kreditgenossenschaft erwerben, wenn eine Nachschusspflicht ausgeschlossen oder die Haftsumme auf einen bestimmten Betrag beschränkt ist.

§ 111 Mehrheitsbeteiligungen

(1) Unbeschadet des § 110 darf eine Gemeinde ein Unternehmen in einer Rechtsform des privaten Rechts nur errichten, übernehmen, erweitern oder sich daran beteiligen, soweit nicht weitergehende gesetzliche Vorschriften gelten oder andere gesetzliche Vorschriften entgegenstehen, wenn im Gesellschaftsvertrag oder in der Satzung

1. der Gegenstand des Unternehmens konkret bezeichnet und nachhaltig auf den öffentlichen Zweck ausgerichtet ist;

2. geregelt ist, dass die Gesellschafterversammlung oder das entsprechende Organ auch beschließt über

    a) die Aufnahme neuer Geschäftszweige innerhalb des Rahmens des Unternehmensgegenstands und die Aufgabe vorhandener Geschäftszweige,

    b) die Gründung, den Erwerb und die vollständige oder teilweise Veräußerung eines Unternehmens,

    c) den Erwerb, die Veränderung und die vollständige oder teilweise Veräußerung von Beteiligungen an anderen Unternehmen,

    d) den Abschluss, die Änderung und die Kündigung von Unternehmensverträgen,

    e) die Feststellung und die Änderung des Wirtschaftsplans,

    f) die Feststellung des Jahresabschlusses und die Behandlung des Ergebnisses,

    g) die Bestellung und die Abberufung der Geschäftsführerinnen oder Geschäftsführer, soweit dies nicht der Gemeinde vorbehalten ist, sowie die Entlastung derselben,

h) die Bestellung und die Abberufung von Mitgliedern des Aufsichtsrats oder entsprechenden Überwachungsorgans von Beteiligungsunternehmen;

3. geregelt ist, dass in sinngemäßer Anwendung der für Eigenbetriebe geltenden Vorschriften für jedes Wirtschaftsjahr ein Wirtschaftsplan aufgestellt, der Wirtschaftsführung eine fünfjährige Finanzplanung zugrunde gelegt und der Gemeinde zur Kenntnis gebracht werden;

4. geregelt ist, dass

a) die Rechte nach § 53 Abs. 1 des Haushaltsgrundsätzegesetzes ausgeübt und

b) ihr und dem Landesverwaltungsamt (§ 123 Abs. 4) die in § 54 des Haushaltsgrundsätzegesetzes vorgesehenen Befugnisse eingeräumt werden;

5. geregelt ist, dass § 286 Abs. 4 des Handelsgesetzbuches keine Anwendung findet.

(2) Absatz 1 gilt nur, wenn der Gemeinde allein oder zusammen mit anderen Gemeinden, Gemeindeverbänden oder Zweckverbänden die Mehrheit der Anteile an dem Unternehmen gehören. Als Anteile gelten auch Anteile, die Unternehmen in einer Rechtsform des privaten Rechts gehören, an denen Gemeinden, Gemeindeverbände oder Zweckverbände allein oder zusammen mit Mehrheit beteiligt sind.

(3) Ist eine Beteiligung der Gemeinde an einem Unternehmen in einer Rechtsform des privaten Rechts keine Mehrheitsbeteiligung im Sinne des Absatzes 2, so soll die Gemeinde, soweit ihr Interesse dies

erfordert, darauf hinwirken, dass in den Gesellschaftsvertrag oder in die Satzung die Regelungen des Absatzes 1 aufgenommen werden.

§ 112 Mittelbare Beteiligungen

(1) Die Gemeinde darf der Beteiligung eines Unternehmens in einer Rechtsform des privaten Rechts, an dem ihr allein oder zusammen mit anderen Gemeinden, Gemeindeverbänden oder Zweckverbänden die Mehrheit der Anteile gehören, an einem anderen Unternehmen in einer Rechtsform des privaten Rechts nur zustimmen, wenn

1. die Voraussetzungen des § 110 Abs. 1 Nr. 2 bis 4 und
2. bei einer Beteiligung mit der Mehrheit der Anteile an dem anderen Unternehmen auch die Voraussetzungen des § 111

vorliegen. § 111 Abs. 2 Satz 2 gilt entsprechend.

(2) Absatz 1 gilt entsprechend für Unterbeteiligungen weiterer Stufen.

§ 113 Veräußerung von Unternehmen und Beteiligungen

Die vollständige oder teilweise Veräußerung eines Unternehmens oder einer unmittelbaren oder mittelbaren Beteiligung an einem Unternehmen in einer Rechtsform des privaten Rechts sowie andere Rechtsgeschäfte und Maßnahmen, durch welche die Gemeinde ihren Einfluss verliert oder vermindert, sind nur zulässig, wenn die Erfüllung der Aufgaben der Gemeinde nicht beeinträchtigt wird.

§ 114 Vertretung der Gemeinde in Unternehmen in Privatrechtsform

(1) Die Bürgermeisterin oder der Bürgermeister vertritt die Gemeinde in der Gesellschafterversammlung oder in dem entsprechenden Organ eines Unternehmens in einer Rechtsform des privaten Rechts, an dem die Gemeinde beteiligt ist. Dies gilt auch dann, wenn der Gemeinde das Recht eingeräumt ist, ein Mitglied des Aufsichtsrats oder entsprechenden Überwachungsorgans zu entsenden oder vorzuschlagen. Die Bürgermeisterin oder der Bürgermeister kann mit Zustimmung des Gemeinderats eine besondere Vertreterin oder einen besonderen Vertreter bestellen, soweit nicht andere gesetzliche Vorschriften entgegenstehen; diese oder dieser ist an die Weisungen der Bürgermeisterin oder des Bürgermeisters gebunden.

(2) Stehen der Gemeinde weitere Vertreterinnen oder Vertreter in einem Organ nach Absatz 1 zu, so werden diese vom Gemeinderat widerruflich bestellt. Ergibt sich hierbei keine Einigung, so werden die weiteren Vertreterinnen oder Vertreter auf Grund von Wahlvorschlägen nach den Grundsätzen der Verhältniswahl unter Bindung an die Wahlvorschläge gewählt. Das Wahlergebnis ist dabei nach dem Höchstzahlverfahren nach d'Hondt festzustellen.

(3) Absatz 2 gilt entsprechend, wenn der Gemeinde das Recht eingeräumt ist, einen oder mehrere Vertreterinnen oder Vertreter für den Vorstand oder ein entsprechendes Organ zu bestellen.

(4) Die Vertreterinnen oder Vertreter der Gemeinde in der Gesellschafterversammlung oder in dem entsprechenden Organ eines Unternehmens in einer Rechtsform des privaten Rechts, an dem die Gemeinde beteiligt ist, sind in den dem Gemeinderat oder seiner Ausschüsse obliegenden Angelegenheiten an die Beschlüsse des

Gemeinderats und seiner Ausschüsse und an die Weisungen der Gemeinde gebunden.

(5) Werden Vertreterinnen oder Vertreter der Gemeinde aus einer Tätigkeit nach den Absätzen 1 bis 4 haftbar gemacht, so hat ihnen die Gemeinde den Schaden zu ersetzen, es sei denn, dass sie ihn vorsätzlich oder grob fahrlässig herbeigeführt haben. Auch in diesem Fall ist die Gemeinde schadensersatzpflichtig, wenn die Vertreterinnen oder Vertreter nach Beschlüssen des Gemeinderats oder seiner Ausschüsse oder nach Weisung gehandelt haben.

§ 115 Unterrichtungspflicht und Beteiligungsbericht

(1) Die Vertreterinnen oder Vertreter der Gemeinde in den in § 114 genannten Organen haben die Gemeinde über alle wichtigen Angelegenheiten des Unternehmens zu unterrichten. Auf Beschluss des Gemeinderats oder auf Verlangen von mindestens einem Viertel der gesetzlichen Zahl der Mitglieder des Gemeinderats haben die Vertreterinnen oder Vertreter dem Gemeinderat oder einem von ihm bestimmten Ausschuss über alle Angelegenheiten Auskunft zu geben. Unterrichtungspflicht und Auskunftsrecht bestehen nur, soweit nicht gesetzliche Vorschriften entgegenstehen.

(2) Die Gemeinde hat jährlich einen Bericht über ihre unmittelbaren und mittelbaren Beteiligungen an Unternehmen in einer Rechtsform des privaten Rechts zu erstellen. Der Beteiligungsbericht soll für jedes Unternehmen mindestens darstellen

a) den Gegenstand des Unternehmens, die Beteiligungsverhältnisse, die Zusammensetzung der Organe, die Beteiligungen des Unternehmens,

b) die Erfüllung des öffentlichen Zwecks,

c) in Grundzügen den Geschäftsverlauf für das jeweils letzte Geschäftsjahr, die Vermögens-, Finanz- und Ertragslage sowie die voraussichtliche Entwicklung des Unternehmens.

Für ein Unternehmen, an dem der Gemeinde nicht mehr als ein Viertel der Anteile gehört, kann von der Darstellung zu Buchstabe c abgesehen werden.

Die Einsicht in den Beteiligungsbericht ist jeder Einwohnerin und jedem Einwohner gestattet. Auf die Möglichkeit zur Einsichtnahme ist in geeigneter Weise öffentlich hinzuweisen.

(3) Der Beteiligungsbericht ist der Kommunalaufsichtsbehörde im Jahr der Aufstellung vorzulegen.

§ 116 Wirtschaftsgrundsätze

Wirtschaftliche Unternehmen sind nach betriebswirtschaftlichen Grundsätzen so zu führen, dass der öffentliche Zweck nachhaltig erfüllt wird. Sie sollen einen Ertrag für den Haushalt der Gemeinde abwerfen, soweit dadurch die Erfüllung des öffentlichen Zwecks nicht beeinträchtigt wird.

§ 117 (aufgehoben)

§ 118 Anzeigepflicht und Befreiung

(1) Entscheidungen der Gemeinde über

1. die vollständige Anwendung der für Eigenbetriebe geltenden Vorschriften über die Wirtschaftsführung und das Rechnungswesen auf Unternehmen ohne eigene Rechtspersönlichkeit,

2. die Errichtung, Übernahme, wesentliche Erweiterung, Änderung der Rechtsform und vollständige oder teilweise Veräußerung eines Unternehmens,

3. die unmittelbare oder mittelbare Beteiligung, die Änderung und die vollständige oder teilweise Veräußerung einer solchen Beteiligung an einem Unternehmen in einer Rechtsform des privaten Rechts,

4. den Abschluss von Rechtsgeschäften und sonstige Maßnahmen, die ihrer Art nach geeignet sind, den Einfluss der Gemeinde auf das Unternehmen zu mindern oder zu beseitigen oder die Ausübung von Rechten aus der Beteiligung zu beschränken,

sind der Kommunalaufsichtsbehörde unverzüglich, mindestens einen Monat vor Beginn des Vollzugs, schriftlich anzuzeigen. Aus der Anzeige muss zu ersehen sein, ob die gesetzlichen Voraussetzungen erfüllt sind.

(2) Sind nach Feststellung der Kommunalaufsichtsbehörde Voraussetzungen des § 108 Abs. 1 bis 5 nicht erfüllt, kann das Ministerium für Inneres und Sport im Einvernehmen mit dem Ministerium für Wirtschaft und Wissenschaft auf Antrag der Gemeinde aus Gründen überwiegenden öffentlichen Interesses hiervon Befreiung erteilen. Der Antrag ist zu begründen und mit einer Stellungnahme der Kommunalaufsichtsbehörde zu versehen. Die Befreiung kann mit Bedingungen und Auflagen verbunden werden.

IV. Abschnitt

Prüfungswesen

§ 119 Rechnungsprüfungsamt

Gemeinden mit mehr als 20.000 Einwohnerinnen und Einwohnern müssen ein Rechnungsprüfungsamt einrichten; dabei können sie auch mit anderen Gemeinden oder Gemeindeverbänden im Rahmen des Gesetzes über die kommunale Gemeinschaftsarbeit zusammenarbeiten. Andere Gemeinden können es einrichten, wenn ein Bedürfnis dafür besteht und die Kosten in einem angemessenen Verhältnis zum Umfang der Verwaltung stehen.

§ 120 Rechtsstellung des Rechnungsprüfungsamts

(1) Das Rechnungsprüfungsamt ist bei der Durchführung von Prüfungsaufgaben unabhängig und an Weisungen nicht gebunden. Es untersteht im Übrigen unmittelbar der Bürgermeisterin oder dem Bürgermeister.

(2) Die Leiterin oder der Leiter des Rechnungsprüfungsamts muss Beamtin oder Beamter auf Lebenszeit sein. Sie oder er darf mit der Bürgermeisterin oder dem Bürgermeister, der Leiterin oder dem Leiter der Finanzverwaltung sowie der Kassenverwalterin oder dem Kassenverwalter und der Stellvertreterin oder dem Stellvertreter weder bis zum dritten Grad verwandt noch bis zum zweiten Grad verschwägert oder durch Ehe oder eingetragene Lebenspartnerschaft verbunden sein.

(3) Die Leiterin oder der Leiter und die Prüferinnen und Prüfer des Rechnungsprüfungsamts dürfen Zahlungen weder anordnen noch ausführen.

§ 121 Aufgaben des Rechnungsprüfungsamtes

(1) Das Rechnungsprüfungsamt hat folgende Aufgaben:

1. die Prüfung des Jahresabschlusses der Gemeinde sowie dessen Anlagen,

2. die Prüfung der Jahresabschlüsse der Eigenbetriebe und sonstigen Unternehmen ohne eigene Rechtspersönlichkeit mit Sonderrechnung, sofern die Prüfung nicht durch andere Abschlussprüferinnen oder Abschlussprüfer durchgeführt wird,

3. die Prüfung des Gesamtabschlusses sowie des Konsolidierungsberichts,

4. die laufende Prüfung der Vorgänge in der Finanzbuchhaltung zur Vorbereitung der Prüfung des Jahresabschlusses,

5. die Prüfung, ob die Haushaltswirtschaft nach den geltenden Vorschriften geführt worden ist,

6. die dauernde Überwachung der Zahlungsabwicklung der Gemeinde und ihrer Sondervermögen sowie die Vornahme der regelmäßigen und unvermuteten Prüfungen,

7. die Kontrolle, ob bei der Durchführung der Finanzbuchhaltung mit Hilfe automatisierter Datenverarbeitung (DV-Buchführung) der Gemeinde und ihrer Sondervermögen die Prüfung der Programme vor ihrer Anwendung stattgefunden hat,

8. die Prüfung von Vergaben.

(2) Die Bürgermeisterin oder der Bürgermeister kann dem Rechnungsprüfungsamt weitere Aufgaben übertragen, insbesondere

1. die laufende Prüfung der Wirtschaftsführung der Unternehmen ohne eigene Rechtspersönlichkeit mit Sonderrechnung, die

Prüfung der Betätigung der Gemeinde bei Unternehmen in einer Rechtsform des privaten Rechts und die Buch- und Betriebsprüfungen, die sich die Gemeinde bei einer Beteiligung, bei der Hingabe eines Kredits oder sonst vorbehalten hat,

2. die Prüfung der Verwaltung auf Zweckmäßigkeit und Wirtschaftlichkeit.

(3) Das Rechnungsprüfungsamt kann sich mit Zustimmung des Rechnungsprüfungsausschusses sachverständiger Dritter als Prüfer bedienen.

§ 122 Prüfung des Jahresabschlusses und des Gesamtabschlusses

(1) In Gemeinden, in denen ein Rechnungsprüfungsamt besteht, hat die Bürgermeisterin oder der Bürgermeister diesem den Jahresabschluss und den Gesamtabschluss zuzuleiten. Das Rechnungsprüfungsamt prüft den Jahresabschluss und den Gesamtabschluss dahin, ob die gesetzlichen Vorschriften und die sie ergänzenden Satzungen und sonstigen ortsrechtlichen Bestimmungen beachtet worden sind, und den Jahresabschluss außerdem dahin, ob der Haushaltsplan eingehalten ist. Dabei ist auch zu prüfen, ob die Chancen und Risiken der künftigen Entwicklung zutreffend dargestellt sind. Das Rechnungsprüfungsamt hat das Recht, alle Unterlagen zu prüfen.

(2) Das Rechnungsprüfungsamt hat über Art und Umfang der Prüfung sowie über das Ergebnis der Prüfung einen Prüfungsbericht zu erstellen. Es teilt das im Prüfungsbericht zusammengefasste Prüfungsergebnis der Bürgermeisterin oder dem Bürgermeister mit. Diese oder dieser hat die notwendigen Folgerungen aus dem Prüfungsergebnis zu ziehen.

§ 123 Überörtliche Prüfung

(1) Die überörtliche Prüfung erstreckt sich darauf, ob die Gemeinde sowie ihre Sonder- und Treuhandvermögen rechtmäßig und wirtschaftlich verwaltet werden. Die Betätigung der Gemeinde bei Gesellschaften in einer Rechtsform des privaten Rechts, an denen die Gemeinde unmittelbar oder mittelbar beteiligt ist, wird ebenfalls geprüft.

(2) Die Rechtmäßigkeitsprüfung erstreckt sich darauf, ob die Gesetze und die in Auftragsangelegenheiten (§ 6 Abs. 1) ergangenen Weisungen beachtet wurden.

(3) Die Prüfung der Wirtschaftlichkeit und Organisation soll in der Regel auf vergleichender Grundlage erfolgen. Dabei ist insbesondere zu prüfen, ob

1. die Grundsätze der Finanzmittelbeschaffung (§ 83) beachtet werden,

2. die personelle Organisation zweckmäßig und die Bewertung der Stellen angemessen ist,

3. Einrichtungen nach wirtschaftlichen Gesichtspunkten und in Erfüllung ihrer öffentlichen Zweckbestimmung betrieben werden,

4. der Umfang freiwilliger Leistungen der Leistungsfähigkeit entspricht,

5. die allgemeine Finanzkraft und der Stand der Schulden Anlass für Empfehlungen zur Änderung der künftigen Haushaltswirtschaft geben.

(4) Die überörtliche Prüfung obliegt dem Landesverwaltungsamt. Dieses kann mit der Wahrnehmung der Prüfungen geeignete Dritte

beauftragen. Haben mehrere Prüfungseinrichtungen Prüfungszuständigkeiten, sollen Doppelprüfungen vermieden werden.

(5) Die überörtliche Prüfung ist bei der Durchführung von Prüfungsaufgaben unabhängig und an Weisungen nicht gebunden.

(6) Die zu prüfende Gemeinde hat dem Landesverwaltungsamt und den beauftragten Prüfern alle erbetenen Auskünfte zu geben, Einsicht in Bücher und Belege, Akten und Schriftstücke zu gewähren, sie auf Verlangen zu übersenden sowie Erhebungen an Ort und Stelle zu unterstützen. Dies gilt entsprechend, wenn die Gemeinde Aufgaben durch Dritte wahrnehmen oder kommunale Mittel von einer sonstigen Stelle verwalten lässt.

(7) Das Landesverwaltungsamt teilt das vorläufige Prüfungsergebnis in Form eines Prüfungsberichts der geprüften Gemeinde mit. Diese hat hierzu innerhalb einer angemessenen Frist Stellung zu nehmen. Das Landesverwaltungsamt kann auch Schlussbesprechungen durchführen. Das abschließende Prüfungsergebnis wird in Form eines Schlussberichts der Gemeinde, der Kommunalaufsichtsbehörde, der Fachaufsichtsbehörde, sofern ihre Zuständigkeit berührt ist, und dem Rechnungshof im Rahmen des § 91 der Landeshaushaltsordnung mitgeteilt. Sind in eine vergleichende Prüfung mehrere Gemeinden einbezogen, so wird der gemeinsame Schlussbericht allen beteiligten Gemeinden zugeleitet. Ergebnisse von Wirtschaftlichkeits- und Organisationsprüfungen können darüber hinaus veröffentlicht werden, wenn die in dem Bericht enthaltenen gemeindebezogenen Angaben allgemein zugänglich sind.

(8) Bei Rechtsverstößen, die sich nach den Prüfungsfeststellungen ergeben, entscheidet die zuständige Aufsichtsbehörde.

(9) Die Bürgermeisterin oder der Bürgermeister unterrichtet den Gemeinderat über den wesentlichen Inhalt des Schlussberichts. Sie

oder er legt den kompletten Schlussbericht dem Rechnungsprüfungsausschuss vor; für die Beratung des Schlussberichts durch den Rechnungsprüfungsausschuss gilt § 101 Abs. 1 Satz 4 bis 6 entsprechend.

§ 124 Prüfung der Eigenbetriebe und sonstigen Unternehmen ohne eigene Rechtspersönlichkeit mit Sonderrechnung

(1) Die Eigenbetriebe und sonstigen Unternehmen ohne eigene Rechtspersönlichkeit mit Sonderrechnung sind jährlich durch eine Abschlussprüferin oder einen Abschlussprüfer zu prüfen.

(2) Abschlussprüferin oder Abschlussprüfer können das Rechnungsprüfungsamt, das Rechnungsprüfungsamt einer anderen kommunalen Körperschaft, ein Prüfungszweckverband, vereidigte Buchprüfer oder Buchprüferinnen und Buchprüfungsgesellschaften sowie Wirtschaftsprüfer oder Wirtschaftsprüferinnen und Wirtschaftsprüfungsgesellschaften sein. Die Abschlussprüferin oder der Abschlussprüfer wird vom Gemeinderat bestellt. In Gemeinden, in denen ein Rechnungsprüfungsamt besteht, soll dieses als Abschlussprüfer bestimmt werden. Die Kosten der Prüfung trägt der geprüfte Betrieb oder die geprüfte Einrichtung.

(3) Die Prüfung erstreckt sich auf den Jahresabschluss unter Einbeziehung der Buchführung, den Lagebericht, die wirtschaftlichen Verhältnisse und die Ordnungsmäßigkeit der Geschäftsführung.

(4) Das Ministerium für Inneres und Sport wird ermächtigt, durch Rechtsverordnung[11] das Nähere zu regeln. Hierbei kann es Bestimmungen über das Prüfungsverfahren und über die Bestätigung des Prüfungsergebnisses treffen.

Fußnote:

[11] Vgl. BS- Nr. 2020- 1- 12.

V. Abschnitt

Gemeinsame Vorschriften

§ 125 Unwirksame und nichtige Rechtsgeschäfte

(1) Geschäfte des bürgerlichen Rechtsverkehrs, die ohne die nach den Vorschriften des I. bis III. Abschnitts erforderliche Genehmigung der Kommunalaufsichtsbehörde abgeschlossen werden, sind unwirksam. Sie sind von Anfang an wirksam, wenn die Zustimmung erteilt wird.

(2) Rechtsgeschäfte, die gegen das Verbot der §§ 92 Abs. 6 und 93 Abs. 1 verstoßen, sind nichtig.

§ 126 Befreiung von der Genehmigungspflicht

Das Ministerium für Inneres und Sport wird ermächtigt, durch Rechtsverordnung[12] Rechtsgeschäfte, die nach den Vorschriften des I. bis III. Abschnitts der Genehmigung der Kommunalaufsichtsbehörde bedürfen, von der Genehmigung allgemein freizustellen.

Fußnote:

[12] Vgl. BS- Nr. 2020- 1- 2.

§ 126 a Ausnahmen zur Erprobung

Zur Erprobung neuer Modelle der Steuerung und des Haushalts- und Rechnungswesens kann die oberste Kommunalaufsichtsbehörde auf

Antrag im Einzelfall Ausnahmen von organisations- und haushaltsrechtlichen Bestimmungen dieses Gesetzes und der zur Durchführung dieses Gesetzes ergangenen Rechtsverordnungen zulassen. Die Genehmigung ist zu befristen und kann unter Bedingungen und Auflagen erteilt werden

Vierter Teil

Kommunalaufsicht

§ 127 Grundsatz

(1) Das Land beaufsichtigt die Gemeinden, um sicherzustellen, dass sie im Einklang mit den Gesetzen verwaltet werden (Kommunalaufsicht). Die Aufsicht ist so zu handhaben, dass die Entschluss- und Verantwortungsfreudigkeit der Gemeinde gefördert und nicht beeinträchtigt wird.

(2) Die Aufsicht über die den Gemeinden übertragenen staatlichen Aufgaben richtet sich nach den hierüber erlassenen Gesetzen.

§ 128 Kommunalaufsichtsbehörden

(1) Kommunalaufsichtsbehörde der Gemeinden ist das Landesverwaltungsamt.

(2) Oberste Kommunalaufsichtsbehörde ist das Ministerium für Inneres und Sport. Soweit die Zuständigkeit der oberen Kommunalaufsichtsbehörde gesetzlich bestimmt ist, tritt an ihre Stelle die oberste Kommunalaufsichtsbehörde.

§ 129 Informationsrecht und Informationspflicht

(1) Die Kommunalaufsichtsbehörden können sich jederzeit über alle Angelegenheiten der Gemeinde unterrichten; sie können an Ort und Stelle prüfen und besichtigen, mündliche und schriftliche Berichte einfordern sowie Akten und sonstige Unterlagen einsehen.

(2) Die Gemeinden sollen die Kommunalaufsichtsbehörden über besonders wichtige oder besonders schwierige Gemeindeangelegenheiten unterrichten.

§ 130 Beanstandungsrecht

Die Kommunalaufsichtsbehörde kann Beschlüsse des Gemeinderats, seiner Ausschüsse, eines Ortsrats und eines Bezirksrats sowie Anordnungen der Bürgermeisterin oder des Bürgermeisters, die das geltende Recht verletzen, beanstanden und verlangen, dass solche Beschlüsse und Anordnungen sowie Maßnahmen, die auf Grund dieser Beschlüsse und Anordnungen getroffen worden sind, rückgängig gemacht werden. Die Beanstandung hat aufschiebende Wirkung.

§ 131 Aufhebungsrecht

(1) Kommt die Gemeinde Anordnungen der Kommunalaufsichtsbehörde gemäß § 130 innerhalb der gesetzten Frist nicht nach, so kann die Kommunalaufsichtsbehörde die von ihr beanstandeten Beschlüsse und Anordnungen aufheben und verlangen, dass Maßnahmen, die auf Grund solcher Beschlüsse und Anordnungen getroffen worden sind, rückgängig gemacht werden.

(2) Absatz 1 gilt entsprechend im Fall des § 60 Abs. 1 Satz 2; dabei bedarf es nicht der vorherigen Beanstandung nach § 130.

§ 132 Anordnungsrecht

Unterlässt es die Gemeinde, Beschlüsse zu fassen oder Anordnungen zu treffen, die zur Erfüllung einer der Gemeinde gesetzlich obliegenden Verpflichtung erforderlich sind, so kann die Kommunalaufsichtsbehörde anordnen, dass sie innerhalb einer bestimmten Frist das Erforderliche veranlasst.

§ 133 Ersatzvornahme

Kommt die Gemeinde einer Anordnung oder einem Verlangen der Kommunalaufsichtsbehörde nach den §§ 129 bis 132 innerhalb der gesetzten Frist nicht nach, so kann die Kommunalaufsichtsbehörde die erforderlichen Maßnahmen an Stelle und auf Kosten der Gemeinde selbst durchführen oder die Durchführung einem Dritten übertragen.

§ 134 Bestellung einer Beauftragten oder eines Beauftragten

(1) Wenn und solange die Befugnisse der Kommunalaufsichtsbehörde nach den §§ 129 bis 133 nicht ausreichen, um den geordneten Gang der Gemeindeverwaltung zu sichern, kann die Kommunalaufsichtsbehörde eine Beauftragte oder einen Beauftragten bestellen, die oder der alle oder einzelne Aufgaben der Gemeinde auf ihre Kosten wahrnimmt. Die oberste Kommunalaufsichtsbehörde ist vorab zu unterrichten.

(2) Die Beauftragte oder der Beauftragte ersetzt im Rahmen ihres oder seines Auftrags das zuständige Organ der Gemeinde.

§ 135 Form und Inhalt aufsichtsbehördlicher Entscheidungen

Entscheidungen der Kommunalaufsichtsbehörde nach den §§ 130 bis 134 bedürfen der Schriftform. Sie sind zu begründen, mit einer Rechtsmittelbelehrung zu versehen und zuzustellen.

§ 136 Rechtsmittel

Die Gemeinde kann gegen Entscheidungen der Kommunalaufsichtsbehörde innerhalb eines Monats nach Zustellung Widerspruch erheben. Hilft die Kommunalaufsichtsbehörde dem Widerspruch nicht ab, so erlässt die oberste Kommunalaufsichtsbehörde einen Widerspruchsbescheid.

§ 137 Beschränkung der Kommunalaufsicht

(1) Andere Behörden und Stellen als die Kommunalaufsichtsbehörden sind zu Eingriffen in die Gemeindeverwaltung nach den §§ 129 bis 134 nicht befugt.

(2) Bürgerlich-rechtliche Verpflichtungen der Gemeinde, die im ordentlichen Rechtsweg zu verfolgen sind, unterliegen nicht der Kommunalaufsicht nach den §§ 130 bis 133.

§ 138 Zwangsvollstreckung gegen Gemeinden

(1) Zur Einleitung der Zwangsvollstreckung gegen die Gemeinde wegen einer Geldforderung bedarf die Gläubigerin oder der Gläubiger einer Zulassungsverfügung der Kommunalaufsichtsbehörde, es sei denn, dass es sich um die Verfolgung dinglicher Rechte handelt. In der Verfügung hat die Kommunalaufsichtsbehörde die Vermögensgegenstände zu bestimmen, in die die Zwangsvollstreckung zugelassen wird, und über den Zeitpunkt zu befinden, zu dem sie

stattfinden soll. Die Durchführung der Zwangsvollstreckung regelt sich nach den Vorschriften der Zivilprozessordnung.

(2) Ein Insolvenzverfahren über das Vermögen der Gemeinde findet nicht statt.

§ 139 Beteiligung des Ministeriums für Inneres und Sport

Das Ministerium für Inneres und Sport ist, soweit nicht das Gesetz eine weitergehende Mitwirkung vorsieht, zu allen Rechtsverordnungen und allgemeinen Verwaltungsanordnungen oberster Landesbehörden, die sich auf die Gemeinden auswirken, zu hören.

Teil B

Landkreisordnung

Erster Teil

Grundlagen

I. Abschnitt

Wesen, Rechtsstellung und Aufgaben

§ 140 Wesen der Landkreise

(1) Die Landkreise sind Gemeindeverbände und Gebietskörperschaften. Das Gebiet des Landkreises deckt sich mit dem

Bezirk der Landrätin oder des Landrats als unterer staatlicher Verwaltungsbehörde.

(2) Die Landkreise erfüllen die überörtlichen, in ihrer Bedeutung auf das Kreisgebiet beschränkten öffentlichen Aufgaben im Rahmen der Gesetze in eigener Verantwortung.

§ 141 Name und Sitz

(1) Die Landkreise führen ihre bisherigen Namen. Der Name eines neu gebildeten Landkreises wird durch Gesetz bestimmt. Das Ministerium für Inneres und Sport kann auf Antrag eines Landkreises dessen Namen ändern.

(2) Die Landkreise behalten den bisherigen Sitz der Kreisverwaltung. Das Ministerium für Inneres und Sport kann auf Antrag eines Landkreises einen anderen Sitz der Kreisverwaltung bestimmen. Der Sitz der Kreisverwaltung eines neu gebildeten Landkreises wird durch Gesetz bestimmt.

(3) Das Ministerium für Inneres und Sport macht die Bestimmung und die Änderung des Namens eines Landkreises und des Sitzes der Kreisverwaltung öffentlich bekannt.

§ 142 Wappen, Farben und Dienstsiegel

(1) Die Landkreise führen ihre bisherigen Wappen und Farben. Das Ministerium für Inneres und Sport kann Landkreisen auf ihren Antrag das Recht verleihen, Wappen und Farben zu führen; es kann Wappen und Farben auf Antrag der Landkreise ändern. Wappen der Landkreise dürfen von Dritten nur mit Genehmigung der Landkreise verwendet werden.

(2) Die Landkreise führen Dienstsiegel. Landkreise, die zum Führen eines Wappens berechtigt sind, führen dieses Wappen in ihrem Dienstsiegel; die übrigen Landkreise führen als Siegel das Bild des kleinen Landessiegels[1] mit einer den Landkreis bezeichnenden Umschrift.

Fußnote:

[1] Vgl. Anl. 8 in BS-Nr. 1130-1.

§ 143 Selbstverwaltungsangelegenheiten

(1) Die Landkreise erfüllen in ihrem Gebiet die ihnen durch Gesetz zur Pflicht gemachten Selbstverwaltungsaufgaben der durch das Kreisgebiet begrenzten überörtlichen Gemeinschaft. Durch Gesetz kann ihnen die Erfüllung weiterer Selbstverwaltungsaufgaben zur Pflicht gemacht werden; dabei sind gleichzeitig Bestimmungen über die Deckung der Kosten zu treffen. Führt die Übertragung neuer Aufgaben durch Gesetz oder die Veränderung bestehender Aufgaben durch Gesetz oder Rechtsverordnung zu einer wesentlichen Belastung der davon betroffenen Landkreise, ist dafür aufgrund einer Kostenfolgeabschätzung ein entsprechender finanzieller Ausgleich zu schaffen. Das Nähere regelt ein Gesetz. Verordnungen über die Durchführung solcher Gesetze sowie Verordnungen nach Satz 3 bedürfen der Zustimmung des Ministeriums für Inneres und Sport.

(2) Die Landkreise erfüllen in ihrem Gebiet die freiwillig übernommenen, überörtlichen Selbstverwaltungsaufgaben im Rahmen der Gesetze in eigener Verantwortung.

(3) Ihre Ausgleichs- und Ergänzungsfunktion können die Landkreise nur in Zusammenarbeit mit einzelnen oder mehreren kreisangehörigen Gemeinden wahrnehmen; eine Unterstützung durch andere Personen des öffentlichen Rechts oder des Privatrechts ist

zulässig. Dies gilt nicht, soweit Aufgaben in grenzüberschreitender Zusammenarbeit erledigt werden. Zu den Ergänzungsfunktionen gehört die Beteiligung an der kommunalen Energieversorgung. Aufgaben der Volksbildung nach Artikel 32 der Verfassung des Saarlandes können anstelle einer Kooperation nach Satz 1 auch im Einvernehmen mit einem Bildungsbeirat wahrgenommen werden; für den Bildungsbeirat gelten die Vorschriften über den Kooperationsrat entsprechend.

(4) Die Landkreise haben bei der Aufgabenerfüllung die gebotene Rücksicht auf die Leistungsfähigkeit der kreisangehörigen Gemeinden zu nehmen. Bei der Erfüllung der Aufgaben gilt § 5 Abs. 2 entsprechend. In Selbstverwaltungsangelegenheiten sind die Landkreise nur an die Gesetze gebunden.

§ 144 Auftragsangelegenheiten

(1) Die Landkreise erfüllen die ihnen übertragenen staatlichen Aufgaben nach Weisung der zuständigen Behörden (Auftragsangelegenheiten). § 7 bleibt unberührt.

(2) Neue Auftragsangelegenheiten können den Landkreisen nur durch Gesetz übertragen werden; dabei sind gleichzeitig Bestimmungen über die Deckung der Kosten zu treffen. Führt die Übertragung neuer Aufgaben durch Gesetz oder die Veränderung bestehender Aufgaben durch Gesetz oder Rechtsverordnung zu einer wesentlichen Belastung der davon betroffenen Landkreise, ist dafür aufgrund einer Kostenfolgeabschätzung ein entsprechender finanzieller Ausgleich zu schaffen. Das Nähere regelt ein Gesetz.

(3) Die Landkreise sind bei der Erfüllung von Auftragsangelegenheiten zur Geheimhaltung verpflichtet, soweit dies von den zuständigen Behörden angeordnet wird. Sie haben hierbei die für die staatlichen Behörden geltenden Vorschriften zu beachten. Das

Ministerium für Inneres und Sport kann hierzu weitere Verwaltungsvorschriften erlassen.

§ 145 Kommunale Gemeinschaftsarbeit

Landkreise können zur gemeinsamen Erfüllung bestimmter Aufgaben Zweckverbände oder Arbeitsgemeinschaften bilden oder öffentlich-rechtliche Vereinbarungen[13] abschließen. Das Nähere wird durch Gesetz[4] bestimmt.

Fußnote:

[13] Vgl. öffentlich-rechtliche Vereinbarung über die Vertretung und die Rufbereitschaft der Veterinär- und Gesundheitsämter der Landkreise und des Stadtverbandes vom 11. September 1997 (Amtsbl. 1998 S. 551).

[4] Vgl. BS- Nr. 2020- 5.

§ 146 Sicherung der Mittel

(1) Die Landkreise regeln ihre Finanzwirtschaft in eigener Verantwortung. Sie haben das Recht, Steuern und sonstige Abgaben sowie Umlagen nach Maßgabe der Gesetze zu erheben.

(2) Soweit die eigenen Einnahmen der Landkreise nicht ausreichen, sichert das Land den Landkreisen die zur Durchführung ihrer eigenen und der übertragenen Aufgaben erforderlichen Mittel im Rahmen des kommunalen Finanzausgleichs.

§ 147 Satzungen

(1) Die Landkreise können ihre Selbstverwaltungsangelegenheiten durch Satzung regeln. Sie können mit gesetzlicher Ermächtigung auch in Auftragsangelegenheiten Satzungen erlassen.

(2) Für den Inhalt von Satzungen, das Verfahren bei ihrem Erlass und die Genehmigungspflicht gelten die Vorschriften der Gemeindeordnung entsprechend.

II. Abschnitt

Kreisgebiet

§ 148 Gebietsbestand

(1) Das Kreisgebiet besteht aus dem Gebiet der nach geltendem Recht zum Landkreis gehörenden Gemeinden. Grenzstreitigkeiten entscheidet die Kommunalaufsichtsbehörde.

(2) Das Gebiet eines Landkreises soll so bemessen sein, dass die örtliche Verbundenheit der Gemeinden des Landkreises gewahrt und die Leistungsfähigkeit des Landkreises zur Erfüllung seiner Aufgaben gesichert ist.

§ 149 Gebietsänderungen

(1) Aus Gründen des öffentlichen Wohles können Grenzen von Landkreisen geändert, Landkreise aufgelöst oder neu gebildet werden. Die beteiligten kommunalen Gebietskörperschaften sind zu hören.

(2) Gebietsänderungen erfolgen durch Gesetz.

(3) Werden durch die Änderung von Gemeindegrenzen die Grenzen von Landkreisen berührt, so bewirkt die Änderung der Gemeindegrenzen ohne weiteres die Änderung der Landkreisgrenzen. Vor der Entscheidung über die Änderung der Gemeindegrenzen sind die betreffenden Landkreise zu hören.

§ 150 Auseinandersetzung

(1) Bei Gebietsänderungen sollen die beteiligten Landkreise die näheren Bedingungen, insbesondere die Auseinandersetzung, die Rechtsnachfolge, das Ortsrecht und die neue Verwaltung, durch Vertrag regeln. Der Vertrag bedarf der Zustimmung des Ministeriums für Inneres und Sport; es macht ihn öffentlich bekannt. Kommt ein Vertrag nicht zustande, so erlässt das Ministerium für Inneres und Sport die notwendigen Bestimmungen. Das Gleiche gilt, soweit der Vertrag eine erschöpfende Regelung nicht enthält. Satz 2 gilt entsprechend.

(2) Die nach Absatz 1 vertraglich oder durch das Ministerium für Inneres und Sport getroffenen Regelungen begründen Rechte und Pflichten der Beteiligten und bewirken den Übergang, die Beschränkung oder Aufhebung von dinglichen Rechten. Die Kommunalaufsichtsbehörde beantragt die Berichtigung des Grundbuchs und anderer öffentlicher Bücher; sie ist befugt, Unschädlichkeitszeugnisse auszustellen.

(3) Rechtshandlungen, die aus Anlass von Änderungen des Kreisgebiets erforderlich werden, sind frei von öffentlichen Abgaben. Das Gleiche gilt für Berichtigungen, Löschungen und sonstige Eintragungen gemäß Absatz 2 Satz 2.

III. Abschnitt

Einwohnerinnen und Einwohner des Landkreises

§ 151 Begriff

Einwohnerin oder Einwohner des Landkreises ist, wer in einer dem Landkreis angehörenden Gemeinde wohnt.

§ 152 Rechte und Pflichten der Einwohnerinnen und Einwohner

Die Einwohnerinnen und Einwohner des Landkreises sind im Rahmen der bestehenden Vorschriften berechtigt, die öffentlichen Einrichtungen des Landkreises zu benutzen und verpflichtet, zu den Lasten des Landkreises beizutragen. Dies gilt auch für Grundbesitzerinnen, Grundbesitzer und Gewerbetreibende im Landkreis, die nicht im Landkreis wohnen, sowie für juristische Personen und nicht rechtsfähige Personenvereinigungen.

§ 153 Rechte und Pflichten der Bürgerinnen und Bürger der kreisangehörigen Gemeinden

Die Bürgerinnen und Bürger der kreisangehörigen Gemeinden sind bei der Wahl zum Kreistag nach Maßgabe des Kommunalwahlgesetzes wahlberechtigt und wählbar. Sie sind zu ehrenamtlicher Tätigkeit für den Landkreis verpflichtet. Die Vorschriften der Gemeindeordnung über ehrenamtliche Tätigkeit gelten entsprechend.

§ 153a Einwohner-, Bürgerbeteiligung

(1) Die Vorschriften der Gemeindeordnung über die Einwohnerfragestunde, die Einwohnerbefragung und den Einwohnerantrag gelten für die Landkreise entsprechend.

(2) Die Vorschriften der Gemeindeordnung über Bürgerbegehren und Bürgerentscheid gelten mit der Maßgabe, dass ein Bürgerbegehren

in Landkreisen bis 120.000 Einwohnerinnen und Einwohnern von 6.000,

in Landkreisen mit mehr als 120.000 Einwohnerinnen und Einwohnern, aber nicht mehr als 240.000 Einwohnerinnen und Einwohnern von 12.000,

und in Landkreisen mit mehr als 240.000 Einwohnerinnen und Einwohnern von 24.000

Bürgerinnen und Bürgern unterzeichnet sein muss, für die Landkreise entsprechend.

§ 154 Anschluss- und Benutzungszwang

Der Landkreis kann bei öffentlichem Bedürfnis durch Satzung den Anschluss- und Benutzungszwang für öffentliche Einrichtungen des Landkreises anordnen. Die Vorschriften der Gemeindeordnung gelten entsprechend.

Zweiter Teil

Organe und Verwaltung

I. Abschnitt

Allgemeine Vorschriften

§ 155 Organe

Organe des Landkreises sind der Kreistag, der Kreisausschuss und die Landrätin oder der Landrat.

II. Abschnitt

Kreistag

§ 156 Zusammensetzung und Wahl des Kreistages

(1) Der Kreistag besteht aus den von den Bürgerinnen und Bürgern der kreisangehörigen Gemeinden in allgemeiner, gleicher, geheimer, unmittelbarer und freier Wahl gewählten Mitgliedern.

(2) Die Zahl der Mitglieder des Kreistages beträgt in Landkreisen

bis zu 100.000 Einwohnerinnen und Einwohnern	27,
mit mehr als 100.000 Einwohnerinnen und Einwohnern	
bis zu 200.000 Einwohnerinnen und Einwohnern	33,

mit mehr als 200.000 Einwohnerinnen und Einwohnern

bis zu 300.000 Einwohnerinnen und Einwohnern 39,

mit mehr als 300.000 Einwohnerinnen und Einwohnern 45.

(3) Das Nähere über Wahl und Ergänzung des Kreistages bestimmt das Kommunalwahlgesetz.

§ 157 Rechtsstellung der Mitglieder des Kreistages

(1) Die Mitglieder des Kreistages sind ehrenamtlich tätig. Sie handeln nach ihrer freien, nur durch die Rücksicht auf das Gemeinwohl bestimmten Gewissensüberzeugung. Sie sind an Aufträge und Weisungen nicht gebunden.

(2) Die Mitglieder des Kreistages haben die ihnen obliegenden Pflichten gewissenhaft zu erfüllen, insbesondere an den Sitzungen des Kreistages teilzunehmen. Die Vorschriften der Gemeindeordnung über Treuepflicht, Mitwirkungsverbot bei Interessenwiderstreit und Heilung bei Verfahrensmängeln sowie Entschädigung bei ehrenamtlicher Tätigkeit gelten entsprechend.

(3) Die Mitglieder des Kreistages werden vor ihrem Amtsantritt in öffentlicher Sitzung von der Landrätin oder vom Landrat durch Handschlag zur gesetzmäßigen und gewissenhaften Ausübung ihres Amtes und zur Verschwiegenheit verpflichtet.

(4) Mitglieder des Kreistages, die derselben Partei oder politischen Gruppierung mit im Wesentlichen gleicher politischer Zielsetzung angehören, können sich zu einer Fraktion zusammenschließen. Eine Fraktion muss aus mindestens zwei Mitgliedern bestehen. Die näheren Einzelheiten über die Bildung der Fraktionen, ihre Rechte und Pflichten regelt die Geschäftsordnung.

§ 158 Amtszeit

(1) Die Amtszeit des Kreistages beträgt fünf Jahre; sie beginnt am fünfzehnten auf den Wahltag folgenden Tag, jedoch nicht vor Ablauf der Amtszeit des bisherigen Kreistages. Endet die Amtszeit des bisherigen Kreistages vor dem fünfzehnten auf den Tag der Wahl des neuen Kreistages folgenden Tag, so verlängert sich die Amtszeit bis zum Beginn der Amtszeit des neu gewählten Kreistages, längstens jedoch um einen Monat.

(2) Mitglieder des Kreistages scheiden mit dem Verlust der Wählbarkeit aus ihrem Amt aus. Die Mitglieder des Kreistages können ihr Amt jederzeit durch schriftliche Erklärung gegenüber der Landrätin oder dem Landrat niederlegen; die Erklärung ist unwiderruflich. Die sonstigen besonderen Vorschriften über die vorzeitige Beendigung der Amtszeit des Kreistages bleiben unberührt.

(3) Die Feststellung über den Verlust der Wählbarkeit und das Ausscheiden aus dem Kreistag trifft der Kreistag.

§ 159 Aufgaben des Kreistages

(1) Der Kreistag beschließt über alle Selbstverwaltungsangelegenheiten des Landkreises, für die seine ausschließliche Zuständigkeit gesetzlich bestimmt ist oder für die er sich die Entscheidung ausdrücklich vorbehalten hat.

(2) Über andere als Selbstverwaltungsangelegenheiten des Landkreises kann der Kreistag nur beschließen, wenn besondere gesetzliche Vorschriften dies zulassen.

§ 160 Vorbehaltene Aufgaben

Der Kreistag kann die Entscheidung über folgende Angelegenheiten nicht übertragen:

1. die Bestimmung und die Änderung des Namens und des Sitzes des Landkreises sowie von Wappen und Farben des Landkreises;

2. die Änderung des Kreisgebiets;

3. den Ausschluss wegen Interessenwiderstreits im Kreistag sowie die Feststellung über den Verlust der Wählbarkeit und das Ausscheiden aus dem Kreistag;

4. die auf Grund der Gesetze vom Kreistag vorzunehmenden Wahlen;

5. die Aufstellung von Grundsätzen für die Ernennung und Entlassung der Beamtinnen und Beamten und die Einstellung, Einstufung und Entlassung der Arbeitnehmerinnen und Arbeitnehmer des Landkreises, soweit hierüber im geltenden Beamten- und Arbeitsrecht keine Vorschriften enthalten sind;

6. den Abschluss von Tarifverträgen oder den Beitritt zu einem Arbeitgeberverband;

7. die Ernennung und Entlassung von leitenden Beamtinnen und Beamten sowie die Einstellung und Entlassung von leitenden Arbeitnehmerinnen und Arbeitnehmern;

8. die Berufung der Mitglieder des Kreisausschusses sowie die Bildung und Auflösung von Kreistagsausschüssen und die Berufung der Mitglieder dieser Ausschüsse;

9. die Übernahme von Selbstverwaltungsaufgaben kreisangehöriger Gemeinden;

10. den Erlass der Geschäftsordnung;

11. den Erlass, die Änderung und die Aufhebung von Satzungen;

12. die Festsetzung der Kreisumlage sowie die allgemeine Festsetzung öffentlicher Abgaben und allgemeiner privatrechtlicher Entgelte;

13. den Erlass der Haushaltssatzung, die Zustimmung zu erheblichen überplanmäßigen und außerplanmäßigen Aufwendungen und Auszahlungen oder derartigen Verpflichtungsermächtigungen sowie die Festsetzung des Investitionsprogramms;

14. die Feststellung des Jahresabschlusses und des Gesamtabschlusses sowie die Entlastung der Landrätin oder des Landrats;

15. den Erwerb von Vermögensgegenständen und die Verfügung über Vermögen des Landkreises, soweit der Vermögensgegenstand eine vom Kreistag allgemein festgesetzte Wertgrenze übersteigt;

15a. die Feststellung und die Änderung des Wirtschaftsplans sowie die Feststellung des Jahresabschlusses und die Behandlung des Ergebnisses von Eigenbetrieben und sonstigen Unternehmen ohne eigene Rechtspersönlichkeit mit Sonderrechnung;

15b. die vollständige oder teilweise Anwendung der für Eigenbetriebe geltenden Vorschriften über die Wirtschaftsführung und das Rechnungswesen auf Unternehmen ohne eigene Rechtspersönlichkeit;

16. die Errichtung, Übernahme und Erweiterung, die Änderung der Rechtsform und die vollständige oder teilweise Veräußerung von öffentlichen Einrichtungen und Unternehmen;

17. die unmittelbare und mittelbare Beteiligung, die Änderung und die vollständige oder teilweise Veräußerung einer solchen

Beteiligung an einem Unternehmen in einer Rechtsform des privaten Rechts;

18. die Umwandlung des Zwecks und die Aufhebung einer Stiftung einschließlich der Entscheidung über den Verbleib des Stiftungsvermögens;

19. die Übernahme von Bürgschaften, den Abschluss von Gewährverträgen und die Bestellung anderer Sicherheiten für Dritte sowie solche Rechtsgeschäfte, die den vorgenannten wirtschaftlich gleichkommen, soweit sie eine vom Kreistag allgemein festgesetzte Wertgrenze übersteigen;

20. die Bestellung und die Abberufung der Leiterin oder des Leiters des Rechnungsprüfungsamts;

21. die Geltendmachung von Ansprüchen des Landkreises gegen die Landrätin oder den Landrat und Mitglieder des Kreistages sowie die Genehmigung von Verträgen des Landkreises mit der Landrätin oder dem Landrat oder mit Mitgliedern des Kreistages; ausgenommen sind Verträge nach feststehenden Tarifen und Verträge, die sich innerhalb einer vom Kreistag allgemein festgesetzten Wertgrenze halten;

22. den Beitritt zu Zweckverbänden oder anderen Körperschaften des öffentlichen Rechts und den Austritt aus diesen sowie den Abschluss von öffentlich-rechtlichen Vereinbarungen;

23. die Übernahme neuer Aufgaben, für die keine gesetzliche Verpflichtung besteht;

24. die Führung eines Rechtsstreits von erheblicher Bedeutung;

25. den Verzicht auf Ansprüche des Landkreises und den Abschluss von Vergleichen, soweit eine vom Kreistag allgemein festgesetzte Wertgrenze überschritten wird,

Dies gilt nicht für Angelegenheiten der Nummern 7, 12, 15, 19 und 25, wenn diese Angelegenheiten dem Werksausschuss (§ 189 Abs. 2) oder der Werkleitung eines Eigenbetriebs übertragen werden sollen, mit Ausnahme der Bestellung einer Werkleitung und der Festsetzung der Kreisumlage.

§§ 161 bis 170 *(aufgehoben)*

§ 171 Anzuwendende Vorschriften der Gemeindeordnung

Für den Kreistag gelten sinngemäß die Vorschriften der Gemeindeordnung über

1. Zuständigkeit bei Interessenwiderstreit (§ 36),

2. Auskunftsrecht (§ 37), mit der Maßgabe, dass dies auch für die Beschlüsse des Kreisausschusses gilt,

3. Sitzungszwang (§ 38),

4. Geschäftsordnung (§ 39),

5. Öffentlichkeit der Sitzungen (§ 40),

6. Einberufung und Tagesordnung (§ 41), mit der Maßgabe, dass die Einberufungsfrist mindestens fünf Tage beträgt und das Antragsrecht nach § 41 Abs. 1 Satz 2 auch dem Kreisausschuss zusteht,

7. Vorsitz (§ 42),

8. Aufgaben der oder des Vorsitzenden (§ 43),

9. Beschlussfähigkeit (§ 44),

10. Beschlussfassung (§ 45),

11. Wahlen (§ 46),

12. Niederschrift (§ 47),

13. Hinzuziehung von Sachverständigen und anderen Personen zu den Sitzungen (§ 49),

14. Entschädigung der Gemeinderatsmitglieder (§ 51).

§ 172 Kreistagsausschüsse

(1) Der Kreistag kann zur Vorbereitung seiner Beschlüsse aus seiner Mitte Ausschüsse bilden (Kreistagsausschüsse). Für Rechnungsprüfungsangelegenheiten ist ein solcher Ausschuss zu bilden; für Angelegenheiten des Natur- und Umweltschutzes bildet der Kreistag einen eigenen Ausschuss oder weist sie einem bestimmten Ausschuss zu.

(2) Die Sitzungen der Kreistagsausschüsse sind nicht öffentlich. Die öffentliche Bekanntmachung der Einberufung entfällt.

(3) Im Übrigen gelten die Bestimmungen der Gemeindeordnung über die Ausschüsse (§ 48) sinngemäß, wobei die Einberufungsfrist mindestens fünf Tage beträgt und § 37 keine Anwendung findet.

§ 173 Vorzeitige Beendigung der Amtszeit des Kreistages

(1) Das Ministerium für Inneres und Europaangelegenheiten hat einen Kreistag aufzulösen, wenn die Zahl der Mitglieder des Kreistages

auf weniger als die Hälfte der gesetzlichen Zahl der Mitglieder gesunken ist und Ersatzleute nicht zur Verfügung stehen. Die Landesregierung kann auf Antrag des Ministeriums für Inneres und Europaangelegenheiten einen Kreistag auflösen, wenn eine ordnungsgemäße Erledigung der Kreisaufgaben in anderer Weise auf Dauer nicht gesichert ist. Die Entscheidung über die Auflösung des Kreistages ist durch das Ministerium für Inneres und Europaangelegenheiten öffentlich bekannt zu machen. Nach unanfechtbar gewordener Auflösung des Kreistages findet eine Neuwahl innerhalb von drei Monaten statt.

(2) Ändert sich bei einer Gebietsänderung die Zahl der Einwohnerinnen und Einwohner, so endet die Amtszeit des Kreistages mit dem In-Kraft-Treten der Gebietsänderung; es findet innerhalb von drei Monaten eine Neuwahl statt. Satz 1 findet keine Anwendung, wenn die Zahl der aufgenommenen Einwohnerinnen und Einwohner im Verhältnis zu der Zahl der Einwohnerinnen und Einwohner des aufnehmenden Landkreises oder die Zahl der abgegebenen Einwohnerinnen und Einwohner im Verhältnis zu der Zahl der Einwohnerinnen und Einwohner des abgebenden Landkreises unbedeutend ist und die Struktur des Landkreises nur unwesentlich verändert wird; die Entscheidung trifft das Ministerium für Inneres und Sport.

(3) Die Amtszeit des nach Absatz 1 Satz 4 oder nach Absatz 2 neu gewählten Kreistages endet mit dem Ablauf der allgemeinen Amtszeit. Findet eine Neuwahl innerhalb von sechs Monaten vor Ablauf der allgemeinen Amtszeit statt, so endet die Amtszeit erst mit dem Ende der nächsten allgemeinen Amtszeit.

(4) Das Nähere bestimmt das Kommunalwahlgesetz.

III. Abschnitt

Kreisausschuss

§ 174 Zusammensetzung, Berufung und Amtszeit

(1) Der Kreisausschuss besteht bei einer gesetzlichen Zahl der Mitglieder des Kreistages

von 27 aus 9 Mitgliedern,

von 33 aus 11 Mitgliedern,

von 39 aus 13 Mitgliedern,

von 45 aus 15 Mitgliedern.

Die Mitglieder des Kreisausschusses werden vom Kreistag aus seiner Mitte berufen. Für die Berufung und Vertretung gelten die Vorschriften des § 48 Abs. 2 und 3 Sätze 1 und 2 entsprechend.

(2) Die Beendigung der Mitgliedschaft zum Kreistag hat das Ausscheiden aus dem Kreisausschuss zur Folge.

(3) Die Mitglieder des Kreisausschusses können ihr Amt jederzeit durch schriftliche Erklärung gegenüber der Landrätin oder dem Landrat niederlegen; die Erklärung ist unwiderruflich.

§ 175 Rechtsstellung, Aufgaben

(1) Für die Rechtsstellung der Mitglieder des Kreisausschusses gelten die Vorschriften über die Rechtsstellung der Mitglieder des Kreistages entsprechend.

(2) Der Kreisausschuss entscheidet über Selbstverwaltungsangelegenheiten des Landkreises, für die der

Kreistag nicht ausschließlich zuständig ist oder für die der Kreistag sich die Entscheidung nicht ausdrücklich vorbehalten hat.

(3) Der Kreisausschuss entscheidet in dringenden Fällen, die aus Gründen des Gemeinwohls keinen Aufschub bis zur nächsten Sitzung des Kreistages dulden, an Stelle des Kreistages. Der Kreisausschuss hat den Kreistag unverzüglich zu unterrichten. Der Kreistag kann die Entscheidung des Kreisausschusses aufheben, soweit nicht schon Rechte anderer als Folge der Entscheidung entstanden sind.

(4) Der Kreisausschuss bereitet alle Angelegenheiten, über die der Kreistag zu entscheiden hat, vor. Dies gilt nicht, wenn der Kreistag ohne Vorbereitung entscheiden will oder die Vorbereitung einem seiner Ausschüsse übertragen hat.

§ 176 Verfahren des Kreisausschusses

(1) Der Kreisausschuss verhandelt und beschließt in öffentlichen Sitzungen. Die Sitzungen sind nicht öffentlich, soweit es sich um Angelegenheiten handelt, die der Kreisausschuss nach § 175 Abs. 4 für den Kreistag vorbereitet.

(2) Die Landrätin oder der Landrat führt den Vorsitz im Kreisausschuss. Sie oder er hat kein Stimmrecht. Die Kreisbeigeordneten vertreten sie oder ihn in der Reihenfolge ihrer Vertretungsbefugnis. Eine Kreisbeigeordnete oder ein Kreisbeigeordneter, die oder der die Landrätin oder den Landrat im Vorsitz vertritt, hat nur dann Stimmrecht, wenn sie oder er Mitglied des Ausschusses ist.

(3) Im Übrigen gelten für den Kreisausschuss die Vorschriften über den Kreistag entsprechend.

IV. Abschnitt

Landrätin, Landrat und Kreisbeigeordnete

§ 177 Landrätin, Landrat

(1) Die Landrätin oder der Landrat wird von den Bürgerinnen und Bürgern der kreisangehörigen Gemeinden in allgemeiner, unmittelbarer, freier, gleicher und geheimer Wahl gleichzeitig mit dem Kreistag gewählt. Sie oder er ist Beamtin oder Beamter auf Zeit.

(2) Die Landrätin oder der Landrat oder eine andere leitende Beamtin oder ein anderer leitender Beamter des Landkreises muss die Befähigung zum höheren Verwaltungsdienst oder zum Richteramt besitzen.

(3) Auf die Landrätin oder den Landrat finden die Vorschriften der Gemeindeordnung über die Rechtsstellung, die Amtszeit, die Eignung, die Ausschreibung, die Wahl, die Wahlanfechtung und die Abwahl der Bürgermeisterin oder des Bürgermeisters entsprechende Anwendung.

§ 178 Aufgaben der Landrätin oder des Landrates

(1) Die Landrätin oder der Landrat ist die gesetzliche Vertreterin oder der gesetzliche Vertreter des Landkreises.

(2) Die Landrätin oder der Landrat leitet die Verwaltung des Landkreises. Sie oder er bereitet die Beschlüsse des Kreisausschusses vor und führt die Beschlüsse des Kreistages und des Kreisausschusses aus. Sie oder er erledigt die Geschäfte der laufenden Verwaltung und die ihr oder ihm übertragenen Selbstverwaltungsangelegenheiten des Landkreises. Die Landrätin oder der Landrat ist allein zuständig, soweit gesetzlich eine Anhörung des Landkreises vorgeschrieben und die Angelegenheit im Interesse der Sicherheit oder anderer wichtiger

Belange der Bundesrepublik oder eines ihrer Länder geheim zu halten ist.

(3) Die Landrätin oder der Landrat erledigt die dem Landkreis übertragenen staatlichen Aufgaben (Auftragsangelegenheiten), soweit durch Gesetz nichts anderes bestimmt ist.

(4) Die Landrätin oder der Landrat ist Dienstvorgesetzte oder Dienstvorgesetzter und oberste Dienstbehörde der Kreisbediensteten und der Kreisbeigeordneten. Ihr oder ihm obliegt die Ernennung und Entlassung der Beamtinnen und Beamten sowie die Einstellung, Einstufung und Entlassung der Arbeitnehmerinnen und Arbeitnehmer nach den Beschlüssen des Kreistages und des Kreisausschusses.

(5) Die Befugnisse der oder des Dienstvorgesetzten und der obersten Dienstbehörde nimmt gegenüber der Landrätin oder dem Landrat in den Fällen des § 8 Abs. 1 , § 58 Abs. 1 und § 59 Abs. 2 des Saarländischen Beamtengesetzes und des § 83 Abs. 2 des Saarländischen Disziplinargesetzes die Kommunalaufsichtsbehörde, im Fall des § 85 des Saarländischen Beamtengesetzes der Kreistag, im Übrigen die oder der zur Vertretung der Landrätin oder des Landrats berufene Kreisbeigeordnete wahr.

§ 179 Widerspruchs- und Vorlagepflicht bei rechtswidrigen Beschlüssen

(1) Die Landrätin oder der Landrat ist verpflichtet, rechtswidrigen Beschlüssen des Kreistages und des Kreisausschusses unverzüglich zu widersprechen. Halten der Kreistag oder der Kreisausschuss im Fall des Widerspruchs ihren Beschluss aufrecht, so hat die Landrätin oder der Landrat die Entscheidung der Kommunalaufsichtsbehörde einzuholen.

(2) Beschlüsse, über deren Rechtmäßigkeit die Landrätin oder der Landrat im Zweifel sein muss, hat sie oder er der

Kommunalaufsichtsbehörde vorzulegen; über die Vorlage von Kreistagsbeschlüssen hat sie oder er die Mitglieder des Kreistages, über die Vorlage von Kreisausschussbeschlüssen hat sie oder er die Mitglieder des Kreisausschusses unverzüglich zu unterrichten.

(3) Widerspruch und Vorlage haben aufschiebende Wirkung.

§ 180 Anordnungsbefugnis der Landrätin oder des Landrats in dringenden Fällen

(1) Die Landrätin oder der Landrat ist berechtigt, dringende Maßnahmen, die aus Gründen des Gemeinwohls keinen Aufschub dulden, auch ohne Beschluss des Kreistages oder des Kreisausschusses anzuordnen. Dabei hat sie oder er

1. in Angelegenheiten, für die der Kreistag ausschließlich zuständig ist oder sich seine Entscheidung ausdrücklich vorbehält, den Kreistag,
2. in allen übrigen Angelegenheiten den Kreisausschuss unverzüglich zu unterrichten.

(2) Im Fall des Absatzes 1 Nr. 1 kann der Kreistag, im Fall des Absatzes 1 Nr. 2 der Kreisausschuss die Anordnung der Landrätin oder des Landrats aufheben, soweit nicht schon Rechte anderer durch die Ausführung der Anordnung entstanden sind.

§ 181 Verpflichtungserklärungen

(1) Erklärungen, durch die der Landkreis verpflichtet werden soll, sowie Erklärungen, durch die der Landkreis auf Rechte verzichtet, bedürfen der Schriftform. Sie sind nur rechtsverbindlich, wenn sie von der Landrätin oder vom Landrat oder der allgemeinen Vertreterin oder

dem allgemeinen Vertreter unter Beifügung der Amtsbezeichnung und des Dienstsiegels handschriftlich unterzeichnet sind.

(2) Wird für ein Geschäft oder einen Kreis von Geschäften eine Bevollmächtigte oder ein Bevollmächtigter bestellt, so bedarf die Vollmacht der Form des Absatzes 1. Die im Rahmen dieser Vollmacht abgegebenen Erklärungen bedürfen der Schriftform.

(3) Die Absätze 1 und 2 gelten nicht für Erklärungen in den Geschäften der laufenden Verwaltung.

§ 182 Vertretung der Landrätin oder des Landrates

(1) Die Landrätin oder der Landrat wird im Fall ihrer oder seiner Verhinderung durch Kreisbeigeordnete in der vom Kreistag festgesetzten Reihenfolge vertreten. Die erste Stellvertreterin oder der erste Stellvertreter der Landrätin oder des Landrats führt die Bezeichnung Erste Kreisbeigeordnete oder Erster Kreisbeigeordneter.

(2) Im Fall gleichzeitiger Verhinderung der Landrätin oder des Landrats und der Kreisbeigeordneten wählt der Kreistag für die Dauer der Verhinderung eine besondere Vertreterin oder einen besonderen Vertreter aus seiner Mitte.

§ 183 Übertragung von Aufgaben der Landrätin oder des Landrats

Die Landrätin oder der Landrat kann mit Zustimmung des Kreistages Kreisbeigeordneten bestimmte Geschäftszweige zur Erledigung übertragen.

§ 184 Kreisbeigeordnete

(1) Jeder Landkreis hat zwei Kreisbeigeordnete.

(2) Die Zahl der Kreisbeigeordneten kann durch Beschluss des Kreistages in Landkreisen

mit mehr als 100.000 bis zu 200.000 Einwohnerinnen und Einwohnern	auf 3,
mit mehr als 200.000 Einwohnerinnen und Einwohnern	auf 4

erhöht werden.

(3) Die Kreisbeigeordneten sind Ehrenbeamtinnen oder Ehrenbeamte. Die Vorschriften der Gemeindeordnung über die ehrenamtlichen Beigeordneten gelten entsprechend.

V. Abschnitt

Kreisbedienstete

§ 185 Anzuwendende Vorschriften der Gemeindeordnung

Für die Kreisbediensteten gelten sinngemäß die Vorschriften der Gemeindeordnung über die Gemeindebediensteten.

§ 186 Kreisfrauenbeauftragte

Landkreise müssen eine hauptamtliche Kreisfrauenbeauftragte bestellen. Für die Kreisfrauenbeauftragte gilt § 79a entsprechend.

§§ 187 und 188 *(aufgehoben)*

Dritter Teil

Kreiswirtschaft

§ 189 Anzuwendende Vorschriften der Gemeindeordnung

(1) Soweit gesetzlich nichts anderes bestimmt ist, gelten für die Kreiswirtschaft die Vorschriften der Gemeindeordnung über die Gemeindewirtschaft entsprechend.

(2) Für Werksausschüsse nach § 109 Abs. 2 gelten die Bestimmungen der Gemeindeordnung über Ausschüsse (§ 48) sinngemäß, wobei die Einberufungsfrist mindestens fünf Tage beträgt.

§ 189a Haushaltsausgleich

(1) Der Haushalt muss in jedem Haushaltsjahr in Planung und Rechnung ausgeglichen sein. Er ist ausgeglichen, wenn der Gesamtbetrag der Erträge die Höhe des Gesamtbetrages der Aufwendungen erreicht. Absätze 2 und 3 bleiben unberührt.

(2) Nach Ermittlung des Jahresergebnisses der Ergebnisrechnung sind

1. ein Unterschiedsbetrag, der sich aus dem Umlagebedarf nach § 4 Abs. 2 Satz 1 und dem Umlagebedarf nach § 4 Abs. 2 Satz 2 des Kommunalfinanzausgleichsgesetzes ergibt, von der allgemeinen Rücklage abzubuchen oder dieser zuzuführen,

2. ein Mehrertrag bei der Umlage infolge der Einrechnung eines Haushaltsfehlbetrags nach § 19 a Abs. 4 des Kommunalfinanzausgleichsgesetzes mit dem dafür gebildeten Ergebnisvortrag zu verrechnen,

3. ein Mehr- oder Minderertrag bei der Umlage infolge eines nach Absatz 3 in einem Vorjahr entstandenen Jahresüberschusses oder Jahresfehlbetrages mit dem dafür gebildeten Ergebnisvortrag zu verrechnen.

(3) Verbleibt nach Vornahme der Verrechnungen nach Absatz 2 ein Jahresüberschuss oder ein Jahresfehlbetrag, so ist dieser auf neue Rechnung vorzutragen und spätestens im zweitfolgenden Haushaltsjahr in den Umlagebedarf nach § 4 Abs. 2 des Kommunalfinanzausgleichsgesetzes einzurechnen.

(4) § 82 Abs. 3 bis 6 und § 82a finden für die Landkreise keine Anwendung.

§ 190 Rechnungsprüfungsamt

(1) Jeder Landkreis hat ein Rechnungsprüfungsamt.

(2) Für die Rechtsstellung und die Aufgaben des Rechnungsprüfungsamts gelten die Vorschriften der Gemeindeordnung über die Rechtsstellung und die Aufgaben des Rechnungsprüfungsamts entsprechend.

§ 191 Überörtliche Prüfung

(1) Die überörtliche Prüfung des Haushalts-, Kassen- und Rechnungswesens der Landkreise obliegt dem Landesverwaltungsamt.

(2) § 123 gilt entsprechend.

Vierter Teil

Kommunalaufsicht

§ 192 Anzuwendende Vorschriften der Gemeindeordnung

Für die Kommunalaufsicht über die Landkreise gelten die Vorschriften der Gemeindeordnung über die Kommunalaufsicht entsprechend, soweit gesetzlich nichts anderes bestimmt ist.

§ 193 Kommunalaufsichtsbehörden

(1) Kommunalaufsichtsbehörde der Landkreise ist das Landesverwaltungsamt.

(2) Oberste Kommunalaufsichtsbehörde ist das Ministerium für Inneres und Sport. Soweit die Zuständigkeit der oberen Kommunalaufsichtsbehörde gesetzlich bestimmt ist, tritt an ihre Stelle die oberste Kommunalaufsichtsbehörde.

Teil C

Regionalverbandsordnung des Regionalverbandes Saarbrücken

Erster Teil

Grundlagen

§ 194 Wesen des Regionalverbandes

(1) Der Regionalverband Saarbrücken ist ein der funktionsgerechten Ordnung, Entwicklung und Kooperation im Stadtumlandbereich dienender Verband der benachbarten Gemeinden des Großraums Saarbrücken.

(2) Der Regionalverband erfüllt die überörtlichen, in ihrer Bedeutung auf das Verbandsgebiet beschränkten öffentlichen Aufgaben im Rahmen der Gesetze durch die von der Bürgerschaft der verbandsangehörigen Gemeinden gewählten Organe oder durch Bürgerentscheid in eigener Verantwortung.

(3) Der Regionalverband ist Gemeindeverband und Gebietskörperschaft. Das Gebiet des Regionalverbandes deckt sich mit dem Bezirk der Regionalverbandsdirektorin oder des Regionalverbandsdirektoren als untere staatliche Verwaltungsbehörde.

§ 195 Name und Sitz

Name und Sitz des Regionalverbandes werden durch Gesetz bestimmt.

§ 196 Wappen, Farben und Dienstsiegel

(1) Das Ministerium für Inneres und Sport kann dem Regionalverband auf seinen Antrag das Recht verleihen, Wappen und Farben zu führen; es kann Wappen und Farben auf Antrag des Regionalverbandes ändern. Wappen des Regionalverbandes dürfen von Dritten nur mit dessen Genehmigung verwendet werden.

(2) Der Regionalverband führt Dienstsiegel. Die Vorschriften der Landkreisordnung über die Führung von Dienstsiegeln gelten entsprechend.

§ 197 Selbstverwaltungsangelegenheiten

(1) Der Regionalverband erfüllt in seinem Gebiet alle pflichtigen Selbstverwaltungsaufgaben, die durch Gesetz den Landkreisen übertragen sind. Ihm kann durch Gesetz die Erfüllung weiterer Selbstverwaltungsaufgaben zur Pflicht gemacht werden; dabei sind gleichzeitig Bestimmungen über die Deckung der Kosten zu treffen. Führt die Übertragung neuer Aufgaben durch Gesetz oder die Veränderung bestehender Aufgaben durch Gesetz oder Rechtsverordnung zu einer wesentlichen Belastung des Regionalverbandes, ist dafür aufgrund einer Kostenfolgeabschätzung ein entsprechender finanzieller Ausgleich zu schaffen. Das Nähere regelt ein Gesetz. Verordnungen über die Durchführung solcher Gesetze sowie Verordnungen nach Satz 3 bedürfen der Zustimmung des Ministeriums für Inneres und Sport.

(2) Der Regionalverband erfüllt in seinem Gebiet alle freiwillig übernommenen überörtlichen Selbstverwaltungsaufgaben im Rahmen der Gesetze in eigener Verantwortung.

(3) Der Regionalverband fördert und koordiniert die geordnete Entwicklung des Verbandsgebiets. Er hat die Befugnisse eines

Planungsverbandes nach § 205 Abs. 6 des Baugesetzbuchs und nimmt die überörtlichen Interessen seines Gebietes gegenüber anderen Planungsträgern wahr.

(4) § 143 Abs. 3 und 4 gilt entsprechend.

§ 198 Auftragsangelegenheiten

(1) Der Regionalverband erfüllt die den Landkreisen übertragenen staatlichen Aufgaben nach Weisung der zuständigen Behörden (Auftragsangelegenheiten). Die §§ 7 und 9 bleiben unberührt.

(2) Der Regionalverband ist bei der Erfüllung von Auftragsangelegenheiten zur Geheimhaltung verpflichtet, soweit dies von den zuständigen Behörden angeordnet wird. Er hat hierbei die für die staatlichen Behörden geltenden Vorschriften zu beachten. Das Ministerium für Inneres und Sport kann hierzu weitere Verwaltungsvorschriften erlassen.

(3) Neue Auftragsangelegenheiten können dem Regionalverband nur durch Gesetz übertragen werden; dabei sind gleichzeitig Bestimmungen über die Deckung der Kosten zu treffen. Führt die Übertragung neuer Aufgaben durch Gesetz oder die Veränderung bestehender Aufgaben durch Gesetz oder Rechtsverordnung zu einer wesentlichen Belastung des Regionalverbandes, ist dafür aufgrund einer Kostenfolgeabschätzung ein entsprechender finanzieller Ausgleich zu schaffen. Das Nähere regelt ein Gesetz.

§ 199 Anzuwendende Vorschriften der Landkreisordnung

Für den Regionalverband gelten sinngemäß die Vorschriften der Landkreisordnung über

1. Kommunale Gemeinschaftsarbeit (§ 145),
2. Sicherung der Mittel (§ 146),
3. Satzungen (§ 147),
4. Kreisgebiet (§§ 148 bis 150),
5. Einwohnerinnen und Einwohner des Landkreises (§§ 151 bis 154).

§§ 200 bis 203 *(aufgehoben)*

Zweiter Teil

Organe und Verwaltung

I. Abschnitt

Allgemeine Vorschriften

§ 204 Organe

Organe des Regionalverbandes sind die Regionalversammlung, der Regionalverbandsausschuss, der Kooperationsrat und die Regionalverbandsdirektorin oder der Regionalverbandsdirektor.

II. Abschnitt

Regionalversammlung und Regionalverbandsausschuss

§ 205 Zusammensetzung und Wahl der Regionalversammlung

(1) Die Regionalversammlung besteht aus den von den Bürgerinnen und Bürgern der regionalverbandsangehörigen Gemeinden in allgemeiner, gleicher, geheimer, unmittelbarer und freier Wahl gewählten Mitgliedern.

(2) Die Regionalversammlung hat 45 Mitglieder.

(3) Das Nähere über Wahl und Ergänzung der Regionalversammlung bestimmt das Kommunalwahlgesetz.

§ 206 Rechtsstellung der Mitglieder der Regionalversammlung

(1) Die Mitglieder der Regionalversammlung sind ehrenamtlich tätig. Sie handeln nach ihrer freien, nur durch die Rücksicht auf das Gemeinwohl bestimmten Gewissensüberzeugung. Sie sind an Aufträge und Weisungen nicht gebunden.

(2) Die Mitglieder der Regionalversammlung haben die ihnen obliegenden Pflichten gewissenhaft zu erfüllen, insbesondere an den Sitzungen der Regionalversammlung teilzunehmen. Die Vorschriften der Gemeindeordnung über Treuepflicht, Mitwirkungsverbot bei Interessenwiderstreit und Heilung bei Verfahrensmängeln sowie Entschädigung bei ehrenamtlicher Tätigkeit gelten entsprechend.

(3) Die Mitglieder der Regionalversammlung werden vor ihrem Amtsantritt in öffentlicher Sitzung von der Regionalverbandsdirektorin oder vom Regionalverbandsdirektoren durch Handschlag zur gesetzmäßigen und gewissenhaften Ausübung ihres Amtes und zur Verschwiegenheit verpflichtet.

(4) Mitglieder der Regionalversammlung, die derselben Partei oder politischen Gruppierung mit im Wesentlichen gleicher politischer Zielsetzung angehören, können sich zu einer Fraktion zusammenschließen. Eine Fraktion muss aus mindestens zwei Mitgliedern bestehen. Die näheren Einzelheiten über die Bildung der Fraktionen, ihre Rechte und Pflichten regelt die Geschäftsordnung.

§ 207 Amtszeit

(1) Die Amtszeit der Regionalversammlung beträgt fünf Jahre; sie beginnt am fünfzehnten auf den Wahltag folgenden Tag, jedoch nicht vor Ablauf der Amtszeit der bisherigen Regionalversammlung. Endet die Amtszeit der bisherigen Regionalversammlung vor dem fünfzehnten auf den Tag der Wahl der neuen Regionalversammlung folgenden Tag, so verlängert sich die Amtszeit bis zum Beginn der Amtszeit der neu gewählten Regionalversammlung, längstens jedoch um einen Monat.

(2) Mitglieder der Regionalversammlung scheiden mit dem Verlust der Wählbarkeit aus ihrem Amt aus. Die Mitglieder der Regionalversammlung können ihr Amt jederzeit durch schriftliche Erklärung gegenüber der Regionalverbandsdirektorin oder dem Regionalverbandsdirektoren niederlegen; die Erklärung ist unwiderruflich. Die sonstigen besonderen Vorschriften über die vorzeitige Beendigung der Amtszeit der Regionalversammlung bleiben unberührt.

(3) Die Feststellung über den Verlust der Wählbarkeit und das Ausscheiden aus der Regionalversammlung trifft die Regionalversammlung.

§ 208 Aufgaben der Regionalversammlung

(1) Die Regionalversammlung beschließt über alle Selbstverwaltungsangelegenheiten des Regionalverbandes, für die seine ausschließliche Zuständigkeit gesetzlich bestimmt ist oder für die er sich die Entscheidung ausdrücklich vorbehalten hat.

(2) Über andere als Selbstverwaltungsangelegenheiten des Regionalverbandes kann die Regionalversammlung nur beschließen, wenn besondere gesetzliche Vorschriften dies zulassen.

(3) Für die der Regionalversammlung vorbehaltenen Aufgaben gelten die Vorschriften der Landkreisordnung über vorbehaltene Aufgaben entsprechend.

§ 209 Anzuwendende Vorschriften der Landkreisordnung

Für die Regionalversammlung gelten die Vorschriften der §§ 171, 172 und 173 entsprechend.

§ 210 Regionalverbandsausschuss

(1) Der Regionalverbandsausschuss hat 15 Mitglieder.

(2) Der Regionalverbandsausschuss entscheidet über Selbstverwaltungsangelegenheiten des Regionalverbandes, für die die Regionalversammlung nicht ausschließlich zuständig ist oder für die die Regionalversammlung sich die Entscheidung nicht ausdrücklich vorbehalten hat. Der Regionalverbandsausschuss entscheidet in

dringenden Fällen, die aus Gründen des Gemeinwohls keinen Aufschub bis zur nächsten Sitzung der Regionalversammlung dulden, anstelle der Regionalversammlung. Der Regionalverbandsausschuss hat die Regionalversammlung unverzüglich zu unterrichten. Die Regionalversammlung kann die Entscheidung des Regionalverbandsausschusses aufheben, soweit nicht schon Rechte anderer als Folge der Entscheidung entstanden sind. Der Regionalverbandsausschuss bereitet alle Angelegenheiten, über die die Regionalversammlung zu entscheiden hat, vor. Dies gilt nicht, wenn die Regionalversammlung ohne Vorbereitung entscheiden will oder die Vorbereitung einem Regionalversammlungsausschuss übertragen hat. Der Regionalverbandsausschuss soll Angelegenheiten, für deren Entscheidung er zuständig ist, der Regionalversammlung zur Entscheidung vorlegen, wenn er sie für besonders bedeutungsvoll für den Regionalverband hält.

(3) Für die Berufung, Vertretung und Rechtsstellung der Mitglieder des Regionalverbandsausschusses sowie das Verfahren gelten die Vorschriften über den Kreisausschuss entsprechend.

III. Abschnitt

Kooperationsrat

§ 211 Zusammensetzung des Kooperationsrates und Verfahren

(1) Im Kooperationsrat sind die regionalverbandsangehörigen Gemeinden durch ihre Bürgermeisterin oder ihren Bürgermeister vertreten. Jede Gemeinde entsendet eine weitere Vertreterin oder einen weiteren Vertreter aus der Mitte des Gemeinderates; darüber hinaus stehen ihr für je 40.000 Einwohnerinnen und Einwohner zwei

weitere Vertreterinnen oder Vertreter zu. Im Übrigen gilt § 114 entsprechend. Jede in der Regionalversammlung vertretene Fraktion kann ein Mitglied mit beratender Funktion in den Kooperationsrat entsenden.

(2) Den Vorsitz im Kooperationsrat hat die Regionalverbandsdirektorin oder der Regionalverbandsdirektor; sie oder er hat kein Stimmrecht.

(3) Auf Antrag einer Gemeinde ist der Kooperationsrat unverzüglich einzuberufen. Die Einberufungsfrist beträgt vier Wochen. In dringenden Fällen kann die Frist auf zwei Wochen verkürzt werden. Im Übrigen gelten für das Verfahren im Kooperationsrat die Vorschriften der Landkreisordnung entsprechend.

§ 211 a Aufgaben des Kooperationsrates

(1) Der Kooperationsrat entscheidet im Rahmen der Zuständigkeiten des Regionalverbandes über folgende Aufgaben:

1. Aufstellung, Änderung, Ergänzung und Aufhebung des Flächennutzungsplans und des Landschaftsplans nach den Vorschriften des Baugesetzbuchs und des Gesetzes zum Schutz der Natur und Heimat im Saarland

2. Wirtschaftsförderung

3. Öffentlicher Personennahverkehr nach dem Gesetz über den Öffentlichen Personennahverkehr im Saarland

4. Koordination von Freizeit-, Sport- und Erholungsmaßnahmen.

Der Kooperationsrat kann die Aufgaben des Bildungsbeirats wahrnehmen. Satz 1 gilt nicht, soweit der Regionalverband Aufgaben in grenzüberschreitender Zusammenarbeit erledigt; entgegenstehendes Bundesrecht bleibt unberührt.

(2) Der Kooperationsrat ist in folgenden Angelegenheiten zu hören:

1. Erlass der Haushaltssatzung gemäß § 216 in Verbindung mit § 84

2. Entscheidung über eine kommunale Zusammenarbeit nach § 197 Abs. 4 in Verbindung mit § 143 Abs. 3

3. regionale freiwillige Jugendarbeit

4. regionale Schulentwicklungsplanung.

(3) Die Zustimmung des Kooperationsrates zur Entscheidung der Regionalversammlung über einen höheren Anteil an der Finanzierung einer kommunalen Zusammenarbeit nach § 19 a Abs. 2 des Kommunalfinanzausgleichsgesetzes muss einstimmig erfolgen.

IV. Abschnitt

Regionalverbandsdirektorin, Regionalverbandsdirektor und Regionalverbandsbeigeordnete

§ 212 Regionalverbandsdirektorin, Regionalverbandsdirektor

(1) Die Regionalverbandsdirektorin oder der Regionalverbandsdirektor wird von den Bürgerinnen und Bürgern der regionalverbandsangehörigen Gemeinden in allgemeiner, unmittelbarer, freier, gleicher und geheimer Wahl gleichzeitig mit der Regionalversammlung gewählt. Sie oder er ist Beamtin oder Beamter auf Zeit.

(2) Die Regionalverbandsdirektorin oder der Regionalverbandsdirektor oder eine andere leitende Beamtin oder ein anderer leitender Beamter des Regionalverbandes muss die Befähigung zum höheren Verwaltungsdienst oder zum Richteramt besitzen.

(3) Auf die Regionalverbandsdirektorin oder den Regionalverbandsdirektoren finden die Vorschriften der Gemeindeordnung über die Rechtsstellung, die Amtszeit, die Eignung, die Ausschreibung, die Wahl, die Wahlanfechtung und die Abwahl der Bürgermeisterin oder des Bürgermeisters entsprechende Anwendung.

§ 213 Aufgaben der Regionalverbandsdirektorin oder des Regionalverbandsdirektoren

(1) Die Regionalverbandsdirektorin oder der Regionalverbandsdirektor ist die gesetzliche Vertreterin oder der gesetzliche Vertreter des Regionalverbandes.

(2) Die Regionalverbandsdirektorin oder der Regionalverbandsdirektor leitet die Verwaltung des Regionalverbandes. Sie oder er bereitet die Beschlüsse des Regionalverbandsausschusses vor und führt die Beschlüsse der Regionalversammlung und des Regionalverbandsausschusses aus. Sie oder er erledigt die Geschäfte der laufenden Verwaltung und die ihr oder ihm übertragenen Selbstverwaltungsangelegenheiten des Regionalverbandes. Die Regionalverbandsdirektorin oder der Regionalverbandsdirektor ist allein zuständig, soweit gesetzlich eine Anhörung des Regionalverbandes vorgeschrieben und die Angelegenheit im Interesse der Sicherheit oder anderer wichtiger Belange der Bundesrepublik oder eines ihrer Länder geheim zu halten ist.

(3) Die Regionalverbandsdirektorin oder der Regionalverbandsdirektor erledigt die dem Regionalverband

übertragenen staatlichen Aufgaben (Auftragsangelegenheiten), soweit durch Gesetz nichts anderes bestimmt ist.

(4) Die Regionalverbandsdirektorin oder der Regionalverbandsdirektor ist Dienstvorgesetzte oder Dienstvorgesetzter und oberste Dienstbehörde der Regionalverbandsbediensteten und der Regionalverbandsbeigeordneten. Ihr oder ihm obliegt die Ernennung und Entlassung der Beamtinnen und Beamten sowie die Einstellung, Einstufung und Entlassung der Arbeitnehmerinnen und Arbeitnehmer nach den Beschlüssen der Regionalversammlung und des Regionalverbandsausschusses.

(5) Die Befugnisse der oder des Dienstvorgesetzten und der obersten Dienstbehörde nimmt gegenüber der Regionalverbandsdirektorin oder dem Regionalverbandsdirektoren in den Fällen des § 8 Abs. 1 , § 58 Abs. 1 und § 59 Abs. 2 des Saarländischen Beamtengesetzes und des § 83 Abs. 2 des Saarländischen Disziplinargesetzes die Kommunalaufsichtsbehörde, im Fall des § 85 des Saarländischen Beamtengesetzes die Regionalversammlung, im Übrigen die oder der zur Vertretung der Regionalverbandsdirektorin oder des Regionalverbandsdirektoren berufene Regionalverbandsbeigeordnete wahr.

(6) Die Vorschriften der Landkreisordnung über Widerspruchs- und Vorlagepflicht bei rechtswidrigen Beschlüssen, Anordnungsbefugnis der Landrätin oder des Landrates in dringenden Fällen und Verpflichtungserklärungen gelten entsprechend.

§ 214 Regionalverbandsbeigeordnete

(1) Die Regionalverbandsdirektorin oder der Regionalverbandsdirektor wird im Fall ihrer oder seiner Verhinderung durch Regionalverbandsbeigeordnete in der von der

Regionalversammlung festgesetzten Reihenfolge vertreten. Die erste Stellvertreterin oder der erste Stellvertreter der Regionalverbandsdirektorin oder des Regionalverbandsdirektoren führt die Amtsbezeichnung Erste Regionalverbandsbeigeordnete oder Erster Regionalverbandsbeigeordneter. Im Fall gleichzeitiger Verhinderung der Regionalverbandsdirektorin oder des Regionalverbandsdirektoren und der Regionalverbandsbeigeordneten wählt die Regionalversammlung für die Dauer der Verhinderung eine besondere Vertreterin oder einen besonderen Vertreter aus seiner Mitte; hierbei führt das an Lebensjahren älteste hierzu bereite Mitglied der Regionalversammlung den Vorsitz.

(2) Der Regionalverband hat insgesamt bis zu fünf Regionalverbandsbeigeordnete. Bei der Wahl ist die Reihenfolge der Regionalverbandsbeigeordneten festzusetzen. Die Regionalverbandsbeigeordneten sind Ehrenbeamtinnen oder Ehrenbeamte. Die Vorschriften der Gemeindeordnung über die ehrenamtlichen Beigeordneten gelten entsprechend.

(3) Die Regionalverbandsdirektorin oder der Regionalverbandsdirektor kann mit Zustimmung der Regionalversammlung Regionalverbandsbeigeordneten bestimmte Geschäftszweige zur Erledigung übertragen.

V. Abschnitt

Regionalverbandsbedienstete

§ 215 Anzuwendende Vorschriften der Gemeindeordnung

Für die Regionalverbandsbediensteten gelten sinngemäß die Vorschriften der Gemeindeordnung über die Gemeindebediensteten.

§ 215a Frauenbeauftragte des Regionalverbandes

Der Regionalverband muss eine hauptamtliche Frauenbeauftragte bestellen. Für die Frauenbeauftragte gilt § 79a entsprechend.

Dritter Teil

Regionalverbandswirtschaft

§ 216 Anzuwendende Vorschriften der Landkreisordnung

Die Vorschriften über die Kreiswirtschaft gelten entsprechend.

Vierter Teil

Kommunalaufsicht

§ 217 Anzuwendende Vorschriften der Gemeindeordnung

Soweit gesetzlich nichts anderes bestimmt ist, gelten für die Kommunalaufsicht über den Regionalverband die Vorschriften der Gemeindeordnung über die Kommunalaufsicht entsprechend.

§ 218 Kommunalaufsichtsbehörden

(1) Kommunalaufsichtsbehörde des Regionalverbandes Saarbrücken ist das Landesverwaltungsamt.

(2) Oberste Kommunalaufsichtsbehörde ist das Ministerium für Inneres und Sport. Soweit die Zuständigkeit der oberen

Kommunalaufsichtsbehörde gesetzlich bestimmt ist, tritt an ihre Stelle die oberste Kommunalaufsichtsbehörde.

Teil D

Übergangs- und Schlussvorschriften

§ 219 Einwohnerzahl

Soweit nach diesem Gesetz die Einwohnerzahl von rechtlicher Bedeutung ist, ist das vom Statistischen Amt zuletzt, in den Fällen der §§ 32, 64, 156 und 184 das letzte vor dem sechzigsten Tag vor dem Wahltag fortgeschriebene und veröffentlichte Ergebnis der letzten allgemeinen Zählung der Bevölkerung maßgebend. § 71 Abs. 2 Satz 2 bleibt unberührt.

§ 220 Beitreibung von Geldbußen und Zwangsgeldern

Geldbußen und Zwangsgelder werden im Verwaltungszwangsverfahren beigetrieben.

§ 221 Ruhegehalts- und Zusatzversorgungskasse des Saarlandes

(1) Die Ruhegehalts- und Zusatzversorgungskasse des Saarlandes ist eine Versorgungseinrichtung im Sinne dieses Gesetzes. Sie ist eine Körperschaft des öffentlichen Rechts. Die Gemeinden, Gemeindeverbände und Zweckverbände gehören ihr als Mitglieder an. Die Aufnahme weiterer Mitglieder und die Voraussetzungen hierfür werden durch die nach Absatz 5 zu erlassende Rechtsverordnung geregelt.

(2) Die Ruhegehalts- und Zusatzversorgungskasse des Saarlandes führt als Sonderkassen die Ruhegehaltskasse und die Zusatzversorgungskasse. Die Vermögen der Sonderkassen sind rechtsfähige Sondervermögen und haften jeweils nur für deren Verbindlichkeiten. Sie sind getrennt zu verwalten.

(3) Die Ruhegehalts- und Zusatzversorgungskasse des Saarlandes regelt ihre Angelegenheiten durch Satzung. Sie hat die Aufgabe, im Rahmen der Satzung für ihre Mitglieder die beamtenrechtlichen Versorgungslasten auszugleichen und den Arbeitnehmerinnen und Arbeiternehmern ihrer Mitglieder im Wege privatrechtlicher Versicherung eine zusätzliche Alters-, Erwerbsminderungs- und Hinterbliebenenversorgung zu gewährleisten. Auf Antrag eines Mitgliedes kann sie für dieses die Aufgabe der Festsetzung der beamtenrechtlichen Versorgungsleistungen wahrnehmen und hierbei das Mitglied in Widerspruchsverfahren und Rechtsstreitigkeiten vertreten. Sie kann auf Antrag eines Mitgliedes für dieses die Aufgabe der Berechnung und Zahlung der Beihilfen in Krankheits-, Pflege-, Geburts- und Todesfällen, der Besoldung und der Entgelte wahrnehmen; Satz 3 gilt entsprechend. Weitere Aufgaben können der Kasse durch Gesetz oder auf Grund eines Gesetzes übertragen werden.

(4) Organe der Ruhegehalts- und Zusatzversorgungskasse des Saarlandes sind die Verwaltungsbeiräte der Ruhegehaltskasse und der Zusatzversorgungskasse, der Gesamtverwaltungsbeirat und die Direktorin oder der Direktor. Die Direktorin oder der Direktor leitet die Kasse als deren Vertreterin oder deren Vertreter nach den Beschlüssen der Verwaltungsbeiräte und führt die Geschäfte der laufenden Verwaltung.

(5) Das Ministerium für Inneres und Sport wird ermächtigt, durch Rechtsverordnung Bestimmungen zu treffen über

1. die Aufgaben, den Aufbau und die Verwaltung der Ruhegehalts- und Zusatzversorgungskasse, deren Aufsicht sowie über die Zusammensetzung, die Aufgaben und Bestellung der Mitglieder der Verwaltungsbeiräte,

2. die Wirtschaftsführung und das Rechnungswesen der Ruhegehalts- und Zusatzversorgungskasse des Saarlandes.

§ 221 a Beteiligung der kommunalen Spitzenverbände

Bevor durch Gesetz oder Verordnung allgemeine Fragen geregelt werden, welche die Gemeinden und Gemeindeverbände unmittelbar berühren, sollen die kommunalen Spitzenverbände gehört werden.

§ 222 Durchführung dieses Gesetzes

(1) Unbeschadet der in diesem Gesetz enthaltenen Ermächtigungen wird das Ministerium für Inneres und Sport ermächtigt, für die Gemeinden durch Rechtsverordnung Bestimmungen zu treffen über

1. die öffentliche Bekanntmachung, insbesondere von Satzungen,

2. Form und Inhalt von Niederschriften über die Verhandlungen des Gemeinderats und seiner Ausschüsse,

3. Inhalt und Gestaltung des Haushaltsplans, der mittelfristigen Ergebnis- und Finanzplanung und des Investitionsprogramms sowie die Haushaltsführung und die Haushaltsüberwachung; dabei kann es bestimmen, dass Einzahlungen und Auszahlungen, für die ein Dritter Kostenträger ist oder die von einer zentralen Stelle ausgezahlt werden, nicht im Haushalt der Gemeinde abgewickelt werden,

4. die Veranschlagung von Erträgen, Aufwendungen sowie Einzahlungen und Auszahlungen und

Verpflichtungsermächtigungen für einen vom Haushaltsjahr abweichenden Wirtschaftszeitraum,

5. die Bildung von Budgets sowie den Ausweis von Zielen und Kennzahlen,

6. die Bildung von Rückstellungen,

7. die Erfassung, den Nachweis und die Bewertung des Vermögens und der Schulden sowie die Abschreibung der Vermögensgegenstände,

8. die Geldanlagen und ihre Sicherung,

9. die Ausschreibung von Lieferungen und Leitungen sowie die Vergabe von Aufträgen einschließlich des Abschlusses von Verträgen; dabei können die Gemeinden verpflichtet werden, die Grundsätze anzuwenden, die das Ministerium für Inneres und Sport bekannt gibt.

10. die Stundung, die Niederschlagung und den Erlass von Ansprüchen sowie die Behandlung von Kleinbeträgen,

11. Inhalt und Gestaltung des Jahresabschlusses und des Gesamtabschlusses einschließlich Konsolidierung,

12. die Aufgaben und die Organisation der Gemeindekasse, deren Beaufsichtigung und Prüfung sowie die ordnungsgemäße Abwicklung der Buchführung und des Zahlungsverkehrs,

13. die zeitliche Aufbewahrung von Büchern, Belegen und sonstigen Unterlagen,

14. Aufbau und Verwaltung, Wirtschaftsführung und Rechnungswesen der Eigenbetriebe.

(2) Die Vorschriften des Absatzes 1 und die Vorschriften des § 67 Abs. 1 Satz 3 und § 126 gelten für die Durchführung der Landkreisordnung und der Regionalverbandsordnung entsprechend.

(3) Vor dem Erlass von Rechtsverordnungen zur Durchführung dieses Gesetzes sind die von den Gemeinden und Gemeindeverbänden zur Förderung ihrer Interessen gebildeten Vereinigungen zu hören.

(4) Das Ministerium für Inneres und Sport erlässt die erforderlichen Verwaltungsvorschriften[26]. Es kann zur Vergleichbarkeit der Haushalte Muster für verbindlich erklären, insbesondere für

1. die Haushaltssatzung und ihre Bekanntmachung,

2. die Form des Haushaltsplans und seiner Anlagen,

3. die Gliederung des Haushaltsplans in Teilhaushalte, die Gliederung des Ergebnishaushalts nach Ertrags- und Aufwandsarten, des Finanzhaushalts nach Einzahlungs- und Auszahlungsarten,

4. die Gliederung und die Form der Bestandteile des Jahresabschlusses, des Gesamtabschlusses und ihrer Anlagen,

5. die Buchführung und die Zahlungsabwicklung,

6. die Nutzungsdauer der Vermögensgegenstände des Anlagevermögens,

7. die Gliederung des Produktplans.

Fußnote:

[26] Vgl. VV Kommunalhaushaltsrecht vom 6. November 2006 (Amtsbl. S. 2105).

Printed in Great Britain
by Amazon

43909453R00104